山东先进模范事迹选编

中共山东省委“不忘初心、牢记使命”主题教育领导小组办公室 编

山东人民出版社 · 济南
国家一级出版社 全国百佳图书出版单位

图书在版编目（CIP）数据

山东先进模范事迹选编/中共山东省委“不忘初心、牢记使命”主题教育领导小组办公室编．--济南：山东人民出版社，2019.9

ISBN 978-7-209-12375-4

Ⅰ．①山…　Ⅱ．①中…　Ⅲ．①先进工作者－先进事迹－山东　Ⅳ．①K820.852

中国版本图书馆CIP数据核字(2019)第193193号

山东先进模范事迹选编

SHANDONG XIANJIN MOFAN SHIJI XUANBIAN

中共山东省委“不忘初心、牢记使命”主题教育领导小组办公室　编

主管单位　山东出版传媒股份有限公司
出版发行　山东人民出版社
出 版 人　胡长青
社　　址　济南市英雄山路165号
邮　　编　250002
电　　话　总编室（0531）82098914
　　　　　市场部（0531）82098965
网　　址　http://www.sd-book.com.cn
印　　装　山东新华印务有限责任公司
经　　销　新华书店

规　　格　16开（185mm×260mm）
印　　张　15.5
字　　数　220千字
版　　次　2019年9月第1版
印　　次　2019年9月第1次
ISBN 978-7-209-12375-4
定　　价　16.80元

前言

为扎实推进“不忘初心、牢记使命”主题教育，对照先进典型、身边榜样，查找在思想觉悟、能力素质、道德修养、作风形象方面存在的差距，找出努力的方向，把先进模范人物的事迹内化为干事创业、走在前列的行动标杆，我们主要从我省近年来涌现出的先进模范中选取了24位，并把他们的事迹汇编成册，供党员干部学习使用。

编者

2019年7月

目录

王伯祥

男，汉族，潍坊寿光人，1943年2月出生，中共党员。山东省政协原常委，潍坊市委原副书记、市长，原寿光县委书记。任寿光县委书记期间，发挥种植蔬菜传统优势，大力发展蔬菜批发市场，扶持冬暖式蔬菜大棚试验推广，改变了农民命运，改写了农业历史；提出“突破北部”战略，连续3年组织20万名劳动力开发寿北，把占全县总面积60%的荒滩变成全县的“粮仓”和“银山”；主持论证上马一批重点项目，大胆起用优秀企业经营人才，较早实行企业股份制改造，使寿光工业总产值翻了三番，为进入全国百强县行列打下坚实基础。离任20多年后，其先进事迹仍为寿光干部群众所称道。曾荣获“山东省庆祝改革开放40周年感动山东人物”“全国优秀共产党员”等荣誉称号。2018年12月18日，被中共中央、国务院授予“改革先锋”称号。

百姓书记

——记县委书记的好榜样王伯祥

王伯祥任寿光县委书记期间，以造福一方百姓为己任，全力扶持推广冬暖式蔬菜大棚，发展蔬菜批发市场，掀起一场改变农民命运和改写农业历史的“绿色革命”。他提出“突破北部”战略，连续3年组织20万名劳动力，把占全县总面积60%的荒滩，变成全县的“粮仓”和“银山”。他主持上马一批重点项目，公开考选、大胆起用优秀企业经营人才，较早实行企业股份制改造，使原来比较落后的寿光工业，总产值翻了三番，利税增长近10倍。

王伯祥离开寿光20多年了，其先进事迹仍为寿光干部群众所称道。他的职务几经变化，但在家乡人民看来，他永远都是那个穿着布鞋，挽着裤腿，或奔忙在田间地头，或盘坐在百姓炕头的“百姓书记”。

“共产党的干部首先考虑的是群众的利益，只要对群众有好处，就勇往直前地去干”

1986年6月，王伯祥担任寿光县委书记，就职时表态：“我们的立足点是让寿光县富起来，让老百姓有饭吃、有钱花，过上好日子。”

“一亩园十亩田。”为了让老百姓过好日子，王伯祥把目光投向“菜园子”。他提出，把培育和扩建蔬菜批发市场作为全县第一要务，以经济规律为杠杆，以蔬菜市场为支点，撬动蔬菜产业。1986年，计划经济坚冰仍未破除，“市场”二字还很敏感，有人提醒：搞“市场”，搞出事谁负责？

王伯祥的回复简单而坚定：“百姓最重要！共产党的干部首先考虑的是群众的利益，只要对群众有好处，就勇往直前地去干。如果真有

1986年，王伯祥书记在农户家调研。

什么政治责任，由我一人承担。”从1986年开始，寿光蔬菜批发市场三次扩建，从占地20亩至1991年扩大到600亩，全国多个大中城市都吃上了寿光菜，寿光渐渐成为买全国、卖全国的“一号菜园子”。

“市场”打出来后，王伯祥又开始了新的思考：菜是“夏天草，冬天宝”，怎么才能在冬天也大面积种菜呢？1988年腊月，三元朱村党支部书记王乐义带来喜讯：东北有个韩永山，能不生炉子、不烧煤，在寒冬腊月里种菜。为了证明，王乐义拿出捎来的黄瓜。端详着顶花带刺、娇翠欲滴的黄瓜，王伯祥眼中放光：“这不是黄瓜，是黄金！”

请来了韩永山，但建棚的六七千元费用在当时是天文数字，赔了钱，损失谁承担？他说：“挣了算自家的，赔了县里承担。”三元朱村17名党员愿意带头，但要砍掉正在抽缨孕籽的20亩玉米建棚，“杀青”责任谁承担？他说：“受损失的户，县里补偿；政治责任，我来承担。”1990年，17个棚平均创收3万多元，他喜笑颜开，当即拍板在全县推广，王乐义、韩永山任技术指导，自己当助手，并给王、韩二人配备了新吉普车，他依旧坐他的旧车。有人说：“伯祥书记都快成三元朱村的副书记了。”他笑言：“大棚搞成，当村民也行。”韩永山想家，王伯祥就给他落实待遇：政府奖励8万元，他分到一套120平方米的住房，被聘任为县蔬菜办公室顾问，并直接晋升为农艺师；全家户口迁入寿光，政府为其办理“农转非”手续。韩永山深为感动，披肝沥胆，奔波传艺。1993年，韩永山累倒在病床上。临终前，他紧握着王伯祥的手说：“我终生不忘的好书记、好兄长……”

在任县委书记5年半的时间里，王伯祥每天一上班，做的第一件事情必定是阅读菜市场价格和交易量报表，拿起电话调度蔬菜生

1989年，王伯祥书记在寿光蔬菜市场调研。

产……他考虑最多的是：乡间小路逢下雨就泥泞难行，影响蔬菜运输怎么办？某段时间蔬菜价格大幅跌落怎么办？菜市场常有人欺行霸市怎么办？……这些困难最终都在他坚定的信念下得到顺利解决。

到1992年，全县蔬菜大棚发展到26万个。这一场“绿色革命”，不但富裕了三元朱村村民，也使整个寿光燃起了种植冬暖式蔬菜大棚的火种，继而席卷整个中国，改变了无数农民的命运。

“为了寿光人民能过上幸福的日子，我愿鞠躬尽瘁，死而后已”

“来了潮，水汪汪；退了潮，白茫茫。种树树不长，种粮粮不收，望着海水渴死人，守着土地去逃荒。”这是寿北地区以前盐碱地荒凉与贫瘠的写照。直到20世纪80年代，20余万寿光人还喝着盐碱水，吃着黄蓿菜，在“北大洼”里挣扎。寿北地区面积为1250平方公里，约占全县总面积的60%。如果政府不改变盐碱滩的面貌，菜种得再好，也只能富半个县。

1987年，在王伯祥主持下，寿光县成立了寿北开发规划组，300多名水利、养虾、晒盐方面的技术人员，经过8个月调研完成了可行性规划。面对质疑，王伯祥慷慨陈词：“开发‘北大洼’困难是有，但可以克服。怕，畏首畏尾，只能是懦夫。咱们在寿光生活了几十年，祖祖辈辈生活了数千年，老和一个‘穷’字扯不开，还能再穷到儿辈孙辈重孙辈吗？”他痛下决心，要带领寿光人向千年洪荒发起总攻，同恶劣的自然环境斗争到底。

1987年10月8日，寿北开发的号角嘹亮吹响。天还没亮，820多辆汽车，320多台推土机，6500多辆拖拉机，难以计数的马车、地排车、小推车，就排满了道路；20万名民工扛着工具，如潮水般涌向“北大洼”。沉寂了几千年的土地一时间人声鼎沸，机声隆隆，热火朝天。

之前三天，王伯祥已经把铺盖搬进了工地。方圆20里没有村庄，他就跟民工一样，就地挖一个一尺多深的坑洞，埋几根竹竿木棒，盖上草苫子、苇席，这就成了他的宿营地和指挥部。时任农牧渔业部部长的林乎加来寿光视察，到了“北大洼”工地，遇到一个鞋上沾满泥巴的“民工”，便问：“你们的伯祥书记在哪里？”“民工”说：“我就是。”林乎加打量着他，久久无言，后来感叹：“一个县有这样的书记，还有什么办不成的事情？！”

他在工地上一住就是45天，中间没回过一次家。每天，他与民工们在一个锅里吃饭，从未单独开过小灶。45天后，泛着白碱的烂泥滩眼

1987年，寿北地区开发现场。

瞅着就变了模样。盐田工程，寿光县修筑了沟、路、渠、坝85条，总长350公里；条台田工程，修道路林带299条，干支沟渠300条，高标准条台田11万亩；虾场工程，新筑防潮大坝3100多米，圈围滩涂5万多亩。

有人认为"打扮"偏远盐碱滩不够"露脸"，王伯祥当即火冒三丈："什么招不招眼，露不露脸，共产党的干部能做到对人民负责、对历史负责，足矣！"在当年寿北开发总结大会上，他向台下的干部群众连鞠三躬，动情地说："我王伯祥是农民的孩子，是人民的一头牛，我永远不忘寿光父老乡亲对我的哺育和训教，为了寿光人民能过上幸福的日子，我愿鞠躬尽瘁，死而后已！"

"倒数第三并不可怕，可怕的是没有争先的勇气"

1986年7月，王伯祥参加潍坊市工业会议。数据显示，扣除原盐产值，寿光工业在12个县（区）中位列倒数第三。走出会场，他抓着

1990年，王伯祥书记在大家洼镇编织袋厂调研。

会上发的通报表就回了寿光。在紧接着召开的全县工业会议上，他说："知耻而后勇。倒数第三并不可怕，可怕的是没有争先的勇气。我们必须打一场工业攻坚战，用三到五年，让寿光工业产值翻两到三番！"

他带着县计委、经委、财政等部门的同志，把全县20多个县属企业逐一看了个遍，听汇报、看厂房，和职工一起讨论研究，又马不停蹄地到工业强县考察。几番调研之后，得出的结论是：缺人才。随即，对全县52个重点企业负责人进行了一次综合考察、测评，优秀者留任，其余全部更换。又从102个经济单位推荐的100名"能人"中优选40名，作为企业后备干部。县委制定了《关于企业厂长经理选拔任用条件》，大张旗鼓地公开选拔企业负责人。王伯祥特别强调：选拔中看大节、看主流，不求全责备，只要政治素质可靠，有经济头脑，有领导才能，就可大胆起用。

用人机制一活，工业全盘皆活。齐民思酒厂刘子祥、仙霞集团王金栋、联盟化工杨志强、富康制药杨维国等40多名公开选拔出的人才都在日后大放异彩，成长为优秀企业家。为了培植壮大工业企业，王伯祥用足用活了政策。他开“放水养鱼”之先河，抓盐业利税，免工业税收，“藏富于企业”；成立专门工作组，亲自带队到上级部门跑要资金，争取工业扶持近亿元，抓股份制改造，培植民营企业……1986年，他上任之初，寿光县、乡、村工业企业303家；到1991年，他离任之时，全县企业数量达到4854家，总产值翻了三番，利税增长了近10倍。有人说，王伯祥就像一把沉重的石夯，不知疲倦的起落间，为寿光工业打下了坚实基础。

“做个为老百姓干事的官，做个不贪不沾、干干净净的官，做个不让老百姓戳脊梁骨的官”

王伯祥信奉一句话：人民群众的事，再小也是大事；个人的事，再大也是小事。1990年，有人提出：连年支持工业，县财政吃紧，能不能开征特产税？王伯祥断然拒绝：“经费有缺口，可以从别处挖潜，万不可和农民算计。”

为了农民，他甚至不惜采取超常规手段。1986年，小学房屋倒塌一处，学生一死七伤。他上任后，马上召开中小学校舍改造会议，掷地有声地说：“两年以后，哪个乡还有‘黑屋子’‘土台子’，就腾出乡镇政府当学校！”不到两年，乡村校舍改造完成，他又把目光对准城区学校，把县属学校6000间校舍由旧平房改造为新楼房，打造出远近闻名的“教育一条街”。

王伯祥经常说："要做个为老百姓干事的官，做个不贪不沾、干干净净的官，做个不让老百姓戳脊梁骨的官。"妻子侯爱英原是民办教师，1988年时有次转公办教师的机会，她把表领回来，他接着就给退了。县建委下属苗圃聘侯爱英去当临时工，王伯祥又提出三个"不许"：不许留在机关，工资不许超过其他临时工，不许担任领导。直到"退休"，侯爱英都是个临时工。他一母同胞两弟两妹，有务农的，有当工人的，也有经商的，都不曾沾过他一点儿"光"……

任寿光县委副书记、书记8年时间，他一家5口人，始终住在建于20世纪50年代的4间旧平房里。1991年10月，王伯祥调任潍坊市副市长。临行前，他和前来送行的人一一告别。紧握着书记消瘦的双手，人们泪眼蒙眬，许多人泣不成声。

"为官一任，造福一方。"王伯祥使寿光日后拥有了20多万个年均收入2万多元的蔬菜大棚和120万亩效益可观的棉田、盐田、虾池，以及4850多家蒸蒸日上的企业，还有一座座鳞次栉比的高楼大厦和10多万个"万元户"……而伯祥书记自己的家当，一辆130货车就装了个干干净净。

供稿单位：中共寿光市委宣传部

王传喜

男，汉族，山东兰陵人，1968年9月出生，中共党员。现任兰陵县委常委（挂职）、代村党委书记。山东省第九次、第十次、第十一次党代会代表，党的十九大代表。在王传喜的带领下，经过20年的努力，代村由当初的乱村、穷村、脏村，一跃成为各业总产值28亿元、纯收入1.2亿元、村民人均纯收入6.8万元的先进村，先后被评为“全国文明村镇创建工作先进村镇”“全国生态家园富民行动示范点”“全国敬老先进村居”“中国美丽乡村”“中国最美休闲乡村”“中国乡村旅游模范村”“全国休闲农业与乡村旅游示范点”“全国十佳休闲农庄”等。他曾荣获“山东省优秀共产党员”“全国劳动模范”“全国优秀共产党员”等荣誉称号。2018年6月，中共中央宣传部授予王传喜“时代楷模”称号。

乡村振兴的“领头雁”

——记兰陵县代村党委书记王传喜

王传喜，现任兰陵县委常委（挂职）、卞庄街道代村党委书记，党的十九大代表，荣获“全国劳动模范”“全国优秀共产党员”等荣誉称号。经过20年的努力，在王传喜的带领下，代村由当初的乱村、穷

王传喜在代村万亩油菜花基地

村、脏村，一跃成为各业总产值28亿元、纯收入1.2亿元、村民人均纯收入6.8万元的先进村，先后获得了“全国文明村镇创建工作先进村镇”“全国敬老先进村居”“中国美丽乡村”“中国最美休闲乡村”“中国乡村旅游模范村”等荣誉称号。

当好“领头雁”，打造坚强“两委”班子

20世纪90年代初期，代村人心散、治安乱、环境差，土地乱圈乱占，私搭乱建，村委会瘫痪了，代村由历史上的先进村，变成了全县出名的上访村、乱子村。1999年初，王传喜当选代村党支部书记、村委会主任。面对乱象和困境，王传喜团结带领村“两委”干部，广泛听取党员、群众意见，从治乱入手，抓治安、抓清欠，解决历史遗留问题，村里的各项工作逐渐步入正轨，并成为典型和先进。一是做合格带头人。200多本工作笔记，记录着王传喜20年的7000多个日夜。王传喜带头与全村党员群众“约法三章”，即村里工程绝不许亲朋好友插手，惠民政策绝不因沾亲带故徇私，干部选用绝不让直系亲属沾光；并带动“两委”成员公开承诺绝不假公济私，绝不侵占集体资产，绝不让党的惠民政策“缺斤少两”。王传喜以身作则，带头示范，成为村里的“主心骨”。二是建设过硬队伍。他以领导班子队伍建设为重点，将有开拓精神的农村优秀人才吸纳到村干部队伍中，努力建设精干型村干部队伍，现在村“两委”干部中都是致富带头人。同时，根据无职党员的特长和岗位需要，设立“社会治安岗”“文明新风岗”“诚信经营岗”“旧村改造岗”等，每名党员根据自身的从业特点和专业专长，进行“岗位认领”，让每名党员都有发挥作用的平台。

王传喜在代村办公室工作

在2014年全村最后一次旧村拆迁中，21名“旧村改造岗”党员，带头签协议、搞拆迁。1999年以来，王传喜带领代村“两委”班子成员团结协作，开拓创新，励精图治，奋发有为，为代村开创了一个又一个奇迹。“两委”班子经历过六次换届选举，除正常退休外，没有一人因非正常原因落选。村干部经手的钱物达上亿元，但他们没有一人违纪。三是严格制度执行。他坚持每天早晨6点准时召开村“两委”会议，总结前一天的工作开展情况，安排部署当天的工作任务。将每月5日定为党员固定学习活动日，对党员进行理想信念和党性教育，党员组织生活会的参会率每次都能在90%以上。建立了以党支部“提事”、村委会“议事”、党员和村民代表大会“定事”、村务监督委员会“监督事”的工作机制，创新了以“一会、一栏、一纸、一单”（党员和村民代表会、公示公开栏、明白纸、对账单）为主要内容的村务、事务公开制度，真正让权力在阳光下运行。2012年5月，代村在全市率先成立了第一个农村社区纪委，选聘了30名廉政监督员，对村里的重大决策和党员干部实行“零距离”监督。

甘做“铺路石”，推动代村产业发展

上任伊始，王传喜就立志不负重托，要干出一番事业，发展代村集体经济，带领村民发家致富。但是等待他的是更大的困难，王传喜没有退缩，他积极作为、乐于奉献，甘做代村经济发展的“铺路石”，以他的顽强精神激励着全村党员充分发挥模范带头作用，共同推动代村实现了产业发展、村民富裕。一是盘活土地资源。代村处于城乡接合部，“土地”将会是最值钱的东西，王传喜决心在“土地”上做些文章，不仅要保护这些土地不被城镇化所淹没，更要让这些土地为群众“生金流银”。当时代村2600亩耕地分配严重不均，零散经营、私搭乱建现象严重。2000年初，王传喜与村“两委”一班人通过反复研究制定了土地调整方案。方案公布以后，不仅没有人带头支持，而且遇到了少数人的强烈阻挠。王传喜个人和家人的人身安全受到了严重威胁，妻子受不住压力喝了大半瓶农药。面对重重困难，王传喜没有退却，而是咬牙坚持完成了这次土地调整，这次调整为代村盘活土地资源打下了基础。随后几年，代村逐步进行了土地流转，先是将全村2600亩土地流转归村集体经营，然后又流转了周边5个村的土地，目前代村有1万多亩土地的经营权。二是打造示范园区。2002年开始，在王传喜的带领下，代村规划建设了“代村农业科技示范园”，引进一批合作社、农业企业进入园区，进行规模化经营。以转变生产结构为突破，建设了第一批温室，推广以越冬蔬菜为主的高效农业生产，建设了以观光采摘为主的果品基地和以花卉生产为主的花卉基地。新品种、新设备、新技术得到应用，农业科技含量提高，土地产出效率明显增加，代村的现代农业发展有了雏形。2006年，代村委托中国农业科学院编制了《山东省苍山现代农业示范园总体规划》。2007年开始，积极争取多渠道累计投资10亿元，规划建设了占地2万亩的全国第一家国家农业公园。建成2万多平方米的智能温室，示范引进了100多个蔬菜品种。引进了十几家合作社和农业企业进驻园区创业，建成了1000多亩的农业基地，1家年产3000万株的种苗工厂，4处蔬菜采摘园，15户花卉苗木基地，1家蔬菜加工出口企业，并与上海蔬菜集团合作建立了1000亩的绿叶菜生产直供基地、上海世博会蔬菜专供基地。企业、合作社带来了先进的生产管理经营理念，实现了以现代企业管理模式管理农业；基地化生产、信息化管理、品牌化经营得到普及，生产效率

王传喜在兰陵国家农业公园的蔬菜智能温室看蔬菜长势

大幅提高。目前，已有10家企业、6家专业合作社、200余个种养大户入园经营，创建“三品一标”农产品14个。三是发展乡村旅游。2012年4月，代村委托山东省旅游规划设计研究院编制了《兰陵国家农业公园旅游总体规划及重点项目控制性详细规划》，以兰陵现代农业示范园为基础，进一步充实完善以农耕文化、农事体验为主的设施，发展创新农业，打造田园风韵，着力增加休闲农业与乡村旅游元素，实现生态农业和现代农业的融合，走兰陵现代农业示范园和兰陵国家农业公园共建之路，培育休闲农业和乡村旅游支柱产业。2013年开始，建设了1万平方米的“沂蒙山农耕博物馆”，集中展示了农耕历史、农业生产方式等，把中华民族源远流长的农耕文化、民俗文化、乡贤文化、文学艺术和现代科技等融入农业生产环境，增加了农业生产管理过程的趣味性和观赏性。建成1万平方米的“雨林王国”，集中展示了热带地区的农作物、林木、古老民族的风土人情等。建成了15万平方米的“竹林水岸”和3000多亩的油菜花基地，以及30万平方米的涵养湿地。发展采摘体验农业，打造了一批田园亮点，发展了多品类、多模式的蔬菜、瓜果、花卉和芳香类植物栽培，达到了一年四季可观赏、春夏秋冬可采摘的效果。建成“兰香东方”馆，弘扬兰花历史文化，培育兰花产业，引进各类兰花名品100多种，引进中国台湾兰花博士指导繁育推广蝴蝶兰花，已形成一定规模，“兰香东方”馆已成为一处观光景点。2015年，建设了4万平方米的“沂蒙老街”，集观赏游览、体验农艺、购物为一体。2017年以来，建设了3万平方米的临沂农展馆；新建辉煌中国馆、幸福家园馆、中国知青村“两馆一村”；观光火车沿线新增“一带一路”景观等。依托兰陵国家农业公园，连续成功举办了六届中国兰陵（苍山）蔬菜产业博览会。2017年旅游业主业收入突破了3500万元，企业、合作社、经营户的收入超过了6000万元，园区管理服务人员就业300多人，围绕现代农业、旅游业服务的经营户有170多家，就业700多人。四是发展商贸物流。利用代村位于城乡接合部的优势，2010年规划投资建设了代村商城。商城投入使用后，凭借现代农业和乡村旅游这张名片，经营兴旺。在此基础上，开发建设了“代村商贸物流城”，规划占地面积1000亩，现已开发建设800亩，完成投资1.5亿元，建筑面积达22万平方米。现有商铺2126家，增加管理人员就业岗位200多个，围绕商贸物流服务增加就业6000多人，集体经济获得收入4000多万元。另外，又成立了建筑装饰公司，以服务园区基础设施建设、住宅建设为主，建筑装饰业相伴而起，顺势发展，增加了产业融合的广度和深度，形成了又一支柱产业。仅建筑装饰业就吸纳了全村三分之一的劳动力，成为多数家庭增收的主要渠道。

经营“一个家”，全力提升群众幸福感和获得感

代村是村民们共同的家园，如何建设美丽家园，如何让居民幸福感满满的又成为王传喜的新目标。他集中社区财力，努力提升居民的生活质量。一是实施旧村改造，建设美丽家园。要实现新农村建设，实施旧村改造是要点，也是难点。他无数次召开党委会、全体党员大会和村民代表会研究方案，挨家挨户征求意见建议，征得了大多数党员干部群众的支持，确定了“实施旧村改造升级，逐步实现居住楼房化，土地经营集约化，农业发展产业化”的思路，用10年的时间完成

了旧村改造，完成了65栋居民楼、170户小康楼的建设，诚信中学、省级规范化小学、社区医院、社区服务中心、幼儿园、单元式老年公寓等社区配套设施一应俱全。二是带头弘扬正气，倡导文明新风。在发展中，王传喜十分重视文化建设，努力培育和践行社会主义核心价值观，创办了“新代村”报，大力弘扬“爱国爱村、大气谦和、朴实守信、勇于拼搏”的“代村精神”。建设了“沂蒙山农耕博物馆”“蔬菜博览馆”“村史馆”“农耕文化墙”“农谚大道”“孝文化墙”“科普法治文化一条街”“农民书屋”“儿童乐园”等文化阵地，开展了村“道德模范”评选，成立了秧歌队、腰鼓队、舞狮队、民乐队、门球队、合唱团等文体组织，既丰富了村民的文化生活，也向来自国内外的游客展现了中华优秀传统文化。同时，坚持开展以文明为主题的评选活动。每年进行“星级文明户”“创业之星”和好党员、好代表（村民代表）、好婆婆、好媳妇等评选，树立典型，弘扬正气，形成了谦虚厚道、忠诚实在、乐于助人的淳朴民风，为代村增添了更多的光彩。三是加快改善民生，共享发展成果。2005年，代村启动实施“十年建成全面小康村庄”总体规划，让全村群众实现共同富裕，同步提前实现小康。在旧村改造过程中，他们确定了“评估补偿、低价安置、按需分配”的总体遵循，以成品房500元每平方米的低价进行安置，让大部分村民拆了旧房子不仅能住上新房子，而且手中还能剩余一部分旧房子的补偿款。自2005年起，村民基本生活食品由村集体统一无偿配供；60岁以上老人住进村集体提供基本生活设施的“老年公寓”；60岁以上老人分年龄段按月享受“老年优待金”，年龄越大标准越高；村民100%参加“新农合”“新农保”，所需资金全部由村集体负担；

非义务教育阶段学生每年享有村集体发放的“助学金”“奖学金”2000元至50000元；全村凡有劳动能力的村民实现了人人就业、人人有工资性收入，家家每年有村集体“分红”收入，村民的幸福感、满意度逐年提升。

竖起“一面旗”，打造乡村振兴代村样板

20年来，王传喜舍小家、顾大家，把心思都用在了代村发展上。王传喜深信只有把家园建设得更美了，农业更现代了，农民更富裕了，乡风更文明了，治理更民主了，经济才能不断发展，就业和收入才能有保障，才能为乡村振兴提供永续的推动力。2018年3月8日，习近平总书记在参加十三届全国人大一次会议山东代表团审议时发表重要讲话，对王传喜同志在加强村级班子建设、带动村庄发展、带领群众致富等方面作出的突出成绩给予充分肯定。习近平总书记指出：“我们就是要打造千千万万个坚强的农村基层党组织，培养千千万万名优秀的农村基层党组织书记，为乡村振兴提供坚强的政治保证和组织保证。”得到习近平总书记的肯定，王传喜和全村党员干部群众无不欢欣鼓舞、备感振奋；面对习近平总书记的殷殷嘱托，王传喜始终以习近平新时代中国特色社会主义思想为指导，深入学习贯彻党的十九大精神，认真落实习近平总书记在参加山东代表团审议时的重要讲话精神，牢记嘱托、不负众望，大力实施乡村振兴战略，实现农业强、农村美、农民富，把代村打造成乡村振兴战略的“样板”。

一是大力推动代村产业振兴。发展现代农业，积极推动一、二、三产业融合发展，构建支撑代村发展的完整产业体系，实现乡村生活

更加富裕，努力做到幼有早育、学有优教、劳有多得、病有良医、老有颐养、住有宜居、弱有帮扶。二是大力推动代村人才振兴。与中国农业科学院、山东农业科学院、山东省委党校、山东省作家协会合作，积极培养乡土人才，挖掘代村老手艺人和实用人才；加快推进中国兰陵“新农人”培训中心项目建设，项目占地150亩，计划投资近2亿元，面向全省、全国培训新农民和农村基层干部。实行更加开放的人才政策，积极吸引人才向代村生产技术一线流动，打造强大的乡村振兴人才队伍。三是大力推动代村文化振兴。积极弘扬核心文化和传统文化，培育文明乡风。提升公共文化服务水平，坚持以法治村和以德治村相结合，为村民创造安全和谐的生活环境。四是大力推动代村生态振兴。牢固树立“绿水青山就是金山银山”的理念，积极发展绿色产业，全力创建宜居环境。五是大力推动代村组织振兴。按照习近平总书记的要求，充分发挥“火车头”的作用。以村班子队伍建设为重点，严格执行学习制度、议事制度、公开制度，建立健全党委领导、政府负责、社会协同、公众参与、法治保障的现代乡村社会治理体系。同时，树立正确的金钱观和利益观，真正做到手不伸、嘴不馋、心不贪，做到廉洁奉公，树立党员干部良好形象。

供稿单位：中共兰陵县委办公室

王恩东

男，汉族，1966年出生于山东济南。1993年7月加入中国共产党。现任浪潮集团有限公司党委委员、浪潮集团首席科学家，高效能服务器和存储技术国家重点实验室主任，2015年当选中国工程院院士。党的十九大代表。1991年，清华大学硕士毕业后进入浪潮集团，长期从事计算机系统结构设计、关键技术研究和工程实现工作，是我国服务器技术领域带头人和产业开拓者。

认准技术一条路

——记服务器领域首位中国工程院院士王恩东

锲而不舍，坚持技术攻关创新

王恩东的执着是出了名的，用他自己的话说，他的性格特点就像他的人生轨迹——认准一条道，认真走到底。他30多年研究工作的人生轨迹可谓直线型的“三个一”：只读了一所大学——清华大学，只就职于一个单位——浪潮集团，只从事一个领域——服务器。

“核心技术买不来，市场也换不来，只能自己创新，自己研发。”多年来，王恩东一直专注于技术创新，而随着对系统应用需求的深刻理解，他逐步认识到，高端服务器才是服务器领域的制高点。

科技创新，并非一日之功。高端服务器的研发无论从技术抑或是工程上都面临巨大挑战：结构设计难题、可用性设计难题、缓存一致性设计难题……面对考验和挑战，更要砥砺精气神。从1996年至2012年，王恩东十几年如一日，在矛盾面前不绕道、问题面前不回避、困难面前不退缩，克服重重阻力一往无前。战胜种种困难的过程，也是

王恩东在实验室指导分析高速信号设计和调优

从跟跑到领跑的过程。基于服务器体系结构领域的多年积累和团队勇攀高峰的科学精神，他带领团队经过数年的刻苦攻关，研制成功我国第一台32路高端容错计算机系统——天梭K1。2014年，此成果荣获国家科技进步奖一等奖，我国的高端服务器系统技术实现了从“跟跑”“并跑”到“领跑”的跨越。

王恩东一直坚持面向应用需求开展技术研究和突破的理念，不仅让浪潮能够在更深层次实现客户需求，更让整个服务器研发团队各个方面研发能力有了整体的提升。这带来的是更快、更有效的创新——王恩东带领团队最先开发出云服务器，使浪潮跃居全球最大云服务器供应商，在云计算等新技术领域带来的产业机会和市场机会中拔得头筹。浪潮服务器销量和销售额从中国第一进入全球前三，连续多年增速保持全球第一。

敏锐洞察，引领前沿技术发展

占据产业制高点，需要下好研发“先手棋”。随着新一代信息技术的飞速发展，云计算大规模发展的态势势不可当，互联网行业是所有行业中，云计算应用技术最前沿，应用最深的领域，这就必然需要发展适合云计算时代的新型服务器。王恩东敏锐地洞察并提前抓住了市场需求，带领团队用7年的时间潜心攻关研制云服务器。

2009年，在云计算业务的推动下，互联网数据中心的体量日益庞大，但业务需求的高速发展暴露了IT基础设施无法满足应用需求的短板。能否考虑更大颗粒度的交付方案，比如整机柜。王恩东肯定了这个思路之后，迅速投入到整机柜云服务器的技术研究工作中。在系统体系结构、多节点设计、高密度集中供电散热等一系列关键技术取得了突破后，整机柜云服务器产品于2010年6月研制成功，并得到了用户的高度认可，取得了极大成功。整机柜云服务器的交付效率比以前提高20倍，实现了每2.88秒部署一台服务器的新纪录。这是王恩东在技术研究方面的果断，以及对需求敏锐洞察的结果。在云服务器的研

王恩东在实验室指导工作

发过程中，王恩东率先提出了“硬件重构+软件定义”的融合架构技术演进路线，奠定了云服务器发展的基本技术路线，并且密切结合客户需求，快速迭代产品，不断创造业界纪录，让浪潮成为全球最大的云服务器供应商——截至目前，浪潮云服务器已经占据中国60%以上的市场份额。云服务器这种创新形态正在快速成长为服务器领域的主流，未来也必将发挥更大的作用。

着眼未来，中国方案走向世界

数年前，王恩东在业界首次提出“智慧计算”理念。云计算、大数据、人工智能等新一代信息技术引发的变革仍在继续发展，新技术应用融合，形成了一种创新的计算形态——智慧计算。智慧计算是从数据中获得策略、洞察、智慧、知识的复杂数据计算，以云计算为基础平台、大数据为认知方法、机器学习为优化工具，简称“CBD”〔Cloud computing（云计算），Big data（大数据），Deep learning（机器学习）〕。智慧计算的发展将推动人类由信息社会向智慧社会升级。

王恩东着眼于智慧时代的社会发展需求，提出算力是人工智能发展的基础设施，计算力就是生产力。随着人工智能应用快速落地并赋能更多的行业，计算的巨大需求被激发。OpenAI报告显示，2012年以来，AI训练中使用的计算力6年增长30万倍以上。就像汽车对发动机的渴求一样，源源不断、持续增加的算力将推动人工智能突飞猛进地发展。

“计算力就是生产力”是产业发展的战略指导方向。CBD是智慧计算最前沿的技术领域，也是服务器市场增长的主要拉动力。聚焦智慧

王恩东在2019世界大学生超级计算机竞赛大会上发言

计算，王恩东带领团队布局AI服务器的研究开发。目前团队研发的AI服务器产品性能已在业界领先，如单机计算性能高达每秒两千万亿次的AI超级服务器AGX-5、全球首款在2U空间内高速互联集成8颗最高性能加速器的AI服务器AGX-2、全球首款集成HBM2高速缓存的FPGA AI加速器等，创新的产品助力浪潮已成为全球领先的AI计算力厂商。为促进AI人才的培养，王恩东发起了“世界大学生超级计算机竞赛”（简称“ASC”），这是与美国SC、德国ISC并列的全球三大超算竞赛，目前也是全球最大规模的超算竞赛。通过竞赛培训数千名大学生和工程师，引导学生学习和应用最新的AI技术，鼓励青年人才通过国际交流，突破前沿尖端技术。

供稿单位：济南市高新区发展战略与宣传策划局

王乐义

男，汉族，潍坊寿光人，1941年11月出生，中共党员，现任寿光市孙家集街道三元朱村党支部书记、村委会主任。1989年，他带领村民试验成功并推广了深冬无须用煤炭而靠太阳能加温的冬暖式蔬菜大棚，引发了寿光乃至全国的蔬菜“绿色革命”，结束了我国北方冬季吃不上新鲜蔬菜的历史。30年来，他始终致力于大棚技术的研究和推广，带领三元朱人不断创新、突破，先后与中国农业科学院、山东农业大学等7个科研单位和大专院校合作，引进国内外26类420多个名优新品种，试验推广种植新技术50多项。荣获“山东省100位为新中国成立、建设做出突出贡献的英雄模范人物”“全省担当作为好书记”“山东省庆祝改革开放40周年感动山东人物”“全国优秀共产党员”“全国劳动模范”“全国诚实守信道德模范”“全国农村优秀人才”等荣誉称号。

农民致富的引路人

——记寿光市孙家集街道三元朱村党支部书记王乐义

王乐义，男，汉族，潍坊寿光人，1941年11月出生，中共党员，现任寿光市孙家集街道三元朱村党支部书记、村委会主任。

“我这个‘半拉子人’一定带领乡亲闯出一条致富路”

1978年5月，王乐义被确诊为直肠癌，手术后他比正常人多了一件东西——粪便袋。9月，三元朱村党支部改选，王乐义被全村党员推到了台前。虽然不知道自己的生命还有多长，但他知道这正是村里需要他的时候。他对乡亲们承诺：“我是个随时可能倒下的‘半拉子人’，但我干就要干好，能干一年是一年，能干十年是十年！我这个‘半拉子人’一定带领乡亲闯出一条致富路！”1988年腊月二十八，常年在外贩运蔬菜的堂弟从东北给他捎来两斤鲜灵灵的黄瓜。王乐义眼前一亮：东北天寒地冻能产黄瓜，我们一定也能行！

大年初六，王乐义就带着人去了东北。一上东北，菜农毫不客气地让他们吃了闭门羹。二上东北，同样一无所获。脾气一向和善的王乐义急了，三上东北！

同去的村干部向东北菜农介绍说：“这是我们身患癌症的村支书，他不是为个人发家致富，而是想带领全村百姓拔掉穷根啊！”这个对亲姐夫都不曾松口的东北菜农终于被王乐义这个执着的山东汉子感动了。

寿光种菜的历史比较早，当时已经有了老式的温室大棚，冬季需要升火加温，但只能生产叶菜，且效益不高。东北菜农的大棚靠山而建，地理条件比较特殊。回来后，王乐义一头扎在大棚技术革新上，从墙体、采光面、薄膜、嫁接技术、大棚方位5个方面进行改造，试验出适合平原地区推广的不需加温的冬暖式大棚。

大多数村民却不买王乐义的账：“烧几吨煤都产不出黄瓜，光靠晒太阳能晒出黄瓜来？”一时间闲言碎语四起。王乐义深知风险却认准了这是一条致富的路子。“在致富路上，党员干部站得高，群众才能看得远；党员干部走得快，群众才能跟得紧！致富有风险，咱们不担谁来担？”王乐义在党员干部会上拍了桌子。最后定下由全村17名党员干部带头先建大棚。

1989年12月24日，三元朱村的黄瓜上市了！开秤每公斤20元，供不应求！17个大棚户平均收入2.7万元，最高的收入3万多元。村里一下子冒出17个双万元户。

第二年，全村建起181亩大棚。17名党员干部分片包干指导，当年，靠卖菜村民存款达到128万元。

“一村富了不算富，大家都富才叫富”

三元朱村种大棚黄瓜发了大财。第一茬黄瓜刚下来，“较量”就开始了。有人来“点拨”王乐义：“乐义啊，现在老少爷们都指着这技术发家致富呢，把技术传出去，不等于把自己碗里的馍让别人分着吃吗？等大家发了再说吧……”

王乐义做出了一个共产党员的选择，他对村民们讲明了自己的心思：“我不仅是三元朱的村支书，还是个共产党员。共产党员还分哪村哪镇？不能自己富了就不管别人，外地的农民兄弟跟咱一样想致富啊！全国还有多少城乡居民冬天吃萝卜白菜？全国的农民兄弟还有多少没有致富门路？三元朱村不能把这个‘利’‘专’起来。”

王乐义工作照

他是这么说的，也是这么做的。

1990年，王乐义就任寿光县冬暖式大棚推广小组技术总指导。一年下来，王乐义足足跑了4万多公里，有时一天要跑11个乡镇40多个村。县里配的吉普车成了王乐义的“家”：困了，车上打个盹就算睡觉了；饿了，吃点馒头咸菜就是一顿饭。等真回到家里，他常常已经累得双腿拖不动，倒在床上起不来。老伴心疼他，担心他身体吃不消，总劝他不要那么拼命。可王乐义说：“乡亲们建个大棚不容易，搞砸了，一家人可就垮了。”

这一年，寿光县发展的5130个大棚全部成功，仅种大棚这一项，全县就增收6000多万元。这在那时可是个了不起的数字。

三元朱村出名了，寿光紧接着也出名了。从最初的17个蔬菜大棚，历经近30年的发展，全市蔬菜种植面积已有60多万亩，成为中国名副其实的“菜篮子”。

大棚蔬菜搞成功后，到三元朱村参观学习的人络绎不绝，但他从不藏私，以诚待人，并立下一条规矩，要求全村村民“对前来参观的人要热情相待，毫无保留地把技术教给前来学习的农民兄弟”。最多的一天，王乐义接待了来自6个省的14批总计3000多名参观者。送走最后一批客人，他两腮都麻木了，连张嘴吃饭的力气都没了。

没有人强迫王乐义一分不取地去四处授艺，没有人强迫他必须亲自讲授每一节课，接待每一批来访的客人。怕他过度劳累，上级领导、村里乡亲甚至要把他藏起来，好让他多歇一会儿。

1991年正月，一个外地考察团点名让王乐义出面介绍情况。此时，王乐义已经病了半个多月，汇报讲解完，大汗淋漓，几近虚脱，是被

2003年，王乐义（右四）在藏族大棚种植技术培训班上现场讲解。

人从大棚里抬回家的。

一次，他外出指导培训，晚上10点刚回村，听说有人家里种的黄瓜“病”了，又坐着车往外赶。天黑路滑，半路上汽车翻进沟里，幸好人没事，他爬出来又往村里跑。

2005年4月7日，胡锦涛总书记视察三元朱村，希望王乐义“把蔬菜种植技术一如既往地向全国传授，促进农民增收”。他带着胡锦涛总书记的嘱托，于当年8月冒着酷暑到新疆、青海、陕西等地指导蔬菜生产，在不到一个月的时间里，行程3000多公里，帮助那里的农民兄弟解决了大量的蔬菜生产技术难题。同时，他依托寿光国际农业培训中心，在西北5个省建立了培训基地，以12册的《乐义设施园艺产业蔬菜生产新技术系列丛书》为教材，聘请大学教授和有技术专长的农民授课，为新疆、陕西、山西等地5000多名农民送去了致富金钥匙。

冬暖式蔬菜大棚研制成功后，为了传播农业技术，从天山南北到雪域高原，从冰封东北到革命圣地延安，王乐义行程几十万公里，举办了600多期技术培训班，无偿发放科普书籍8万多册、录像带5000多盘，毫无保留地把技术传给千家万户。同时派出蔬菜技术员1000多人到全国各地进行实地指导蔬菜生产。现在三元朱村常年在外的技术员有140多人，分布于全国20多个省、自治区、直辖市，为广大农民开辟了一条致富路。

“种菜也要有科学，要种老百姓放心的菜”

“经济发展，不是说谁的个头大、数量多，谁就是英雄，关键要看发展的质量。种菜也一样，关键要种老百姓放心的菜。”这是王乐义常挂在嘴边的一句话。

1991年1月的一天，一位中央领导视察三元朱村时嘱托：“你们要向无公害蔬菜发展，争取出口。”

当时还不知道“无公害蔬菜”为何物的王乐义，坚定地说：“请领导放心，就是头拱地，我也要把无公害蔬菜搞出来。”

经多方打听，王乐义找到了中国农业科学院无公害蔬菜专家王宪彬教授，虚心请教种植技术。

“这个项目我试验成功6年了，还没得到推广，没想到第一个来找我的是个只上过4年学的农民……”王教授感叹。

在王教授悉心指导下，1992年无公害蔬菜在三元朱村试种成功，这是我国最早创立的蔬菜种植业的“绿色标准”，直接引发了蔬菜产

王乐义（左二）向外国友人讲授育苗技术

业的又一次革命。三元朱村也被农业部授予国内首批“无农药残毒放心菜生产基地”。到1995年，寿光便形成了以三元朱村为中心的20万亩无公害蔬菜生产基地，奠定了寿光“中国蔬菜之乡”的地位。

2001年，王乐义率先打出了以个人信誉做担保的品牌——“乐义”牌蔬菜，注册了“乐义”商标，并采用“公司连基地、基地带农户”的模式，统一管理，统一收购，统一销售，合格蔬菜统一使用“乐义”商标，收购价高于普通蔬菜20%。在此基础上，王乐义又连村发展了有机质、生态型、无土栽培蔬菜2000余亩，并组织村民开展了诚信创建活动，引导群众争创文明食用蔬菜基地、文明信用菜农、文明信用农业龙头企业、文明信用经营业户，叫响了“乐义蔬菜、实实在在”的品牌，产品也出口到日韩等国。

王乐义这个中国最基层的农村党支部书记，以独特的魅力体现了一个真正的共产党员的追求！他像一粒火种，以燃烧自己的悲壮，将农业科技的星星之火播撒在中国广阔的土地上，照亮了千千万万农民的致富之路。

供稿单位：中共寿光市委宣传部

韦昌进

男，汉族，江苏溧水人，中共党员。1965年11月出生，1983年10月入伍，历任战士、排长、政治指导员、人民武装部政治委员、军分区（警备区）副政治委员，现任枣庄市委常委、枣庄军分区政治委员。1985年参加边境自卫还击作战，荣立一等功，被中央军委授予“战斗英雄”荣誉称号。1991年被人事部、民政部、总政治部等8个部委联合授予“全国自强模范”称号，2009年入选“100位新中国成立后为国防和军队建设作出重大贡献、具有重大影响的先进模范人物”。2017年7月，被中央军委授予“八一勋章”。2018年12月18日，被中共中央、国务院授予“改革先锋”称号。

不忘初心使命守本色　心系强军重担当先锋

——记“保卫改革开放和平环境的战斗英雄”韦昌进

视死如归、血战到底的战斗英雄

1985年1月，韦昌进随部队开赴云南老山地区参加边境自卫还击作战，奉命坚守老山111高地。1985年7月19日这天凌晨，敌人以2个营1个加强连的兵力，向我军最前沿的阵地猖狂进攻，战斗异常惨烈。

5点多钟，天刚蒙蒙亮，从空中传来一阵刺耳的呼啸声，不一会儿，敌军的炮弹密集地落在韦昌进所在的6号哨位周围。爆炸声未落，几百名敌人就像饿狼一般向哨位扑上来。眼看敌人就要冲破防线，韦昌进和战友冒着炮火，冲出猫耳洞。

冲锋间，韦昌进右锁骨和左大臂中弹，但看到敌人就在眼前，他顾不上包扎伤口，狠狠扔出两枚爆破筒，又甩出十几枚手榴弹，不到10分钟，韦昌进和班里其他4名战士就打退了敌人的第一次进攻。

败下阵来的敌人恼羞成怒，立即进行火力报复。轰炸中，韦昌进左眼被炸瞎，右胸被弹片穿透，他疼得昏了过去。事后才知道，他全身共有22处伤口。

不知过了多长时间，猛烈的爆炸声把韦昌进震醒。敌人几发炮弹爆炸，碎石呼啦啦地倒塌下来，战友吴冬梅壮烈牺牲，洞口被堵塞。在巨大的悲痛和绝望中，他拖着血肉模糊的身子，艰难地爬到洞口，一边透过石缝注视敌人的动静，一边用报话机向排长报告敌情。就这样，从上午9点多钟到下午3点多钟，我军炮兵根据韦昌进报告的敌情和方位接连打退敌人8次连排规模的反扑。在6号哨位前，敌人的尸体躺了一大片。

战斗打得异常激烈。由于敌人的火力封锁，增援的同志一时上不来。不知过了多久，洞口传来碎石滚动声和敌人的讲话声。韦昌进猛地意识到敌人已经爬上了阵地。在这危急时刻，韦昌进毅然拿起报话机，对排长大声喊道："排长，敌人上来了，就在哨位周围。为了祖国，为了胜利，向我开炮！向我开炮啊！""小韦，那你呢？"排长心痛欲裂。"不要管我！快啊，向我开炮！"韦昌进用尽力气对着报话机喊道。过了几分钟，如同狂风暴雨般的炮弹扑向6号哨位。万幸的是炮弹像长了眼睛，没有炸到韦昌进所在的猫耳洞口，更万幸的是我军的炮火覆盖及时，立足未稳的敌人遭受灭顶打击，阵地保住了。

战斗结束后，他在医院里昏迷了七天七夜，医生从他身上取出了22块弹片，摘除了左眼球。因作战英勇，韦昌进被中央军委授予"战斗英雄"荣誉称号，荣立一等功。

坚守阵地，持之以恒传承老山精神

1985年9月，从战场下来后，作为解放军英模汇报团成员，韦昌进拖着伤口未愈的身体连续在全国巡回作先进事迹报告，用亲身经历讲述前线军人奋勇杀敌、勇于牺牲的感人事迹，开始了他传承老山精神、倾心全民国防教育之路。

2006年在济南警备区工作时，韦昌进发现有些大学生受西方思潮的影响，出现了拜金主义、享乐主义等不良价值观念。于是，他多次到山东大学等驻地高校找领导沟通协商，与师生座谈讨论。2008年，在他的积极协调下，济南警备区和山东大学联合开展了以“国防在我心中，使命在我心中”为主题的“双心”国防教育活动，激发了新时代青年学子的爱国情怀。目前，驻济南高校每年有近2000名大学生应征入伍。大学生郑文豪深有感触地说：“社会上这星那星，都是流星；像韦昌进这样的英雄，才是我们大学生心目中的恒星。”

2008年9月中旬，济南警备区与山东大学共同举办“双心”国防教育活动，韦昌进向军训学员讲述战斗故事。

2009年在泰安军分区工作时，韦昌进发现有的领导对抓国防教育的理解有偏差，把过一次“军事日”当作落实了全部任务，国防教育实质挂了“空挡”。韦昌进主动接过国防教育的担子，与泰安市委宣传部的同志梳理制定国防教育“三进入”具体措施，广泛开展“革命歌曲大家唱”活动，组织到济南军区特种大队现地教学，同时还成立一支由他任团长的“革命传统宣讲团”。一年里，宣讲团就先后到政府机关、学校、企业巡回宣讲15次，受教育群众有2万余人，崇尚英雄、敬仰英雄成为全市的时代风尚。

经历过血与火洗礼的韦昌进，深知红色基因蕴含的巨大精神力量，任何时候都不能丢，必须一代代传承下去。2005年刚到蓬莱市人民武装部任职时，韦昌进看到驻地旅游设施建设非常完善，而红色纪念设施却保护不够，有的甚至成了开发商的“香馍馍”。他立即把这些情况反映给市领导，联系有关单位召开座谈会。韦昌进在座谈会上说：“推进经济社会发展，需要高楼大厦，更要精神大厦。”在他的建议下，蓬莱市将红色文化与商业游乐有机融合，打造出以八路军挺进东北渡海出发地纪念碑、长山岛战役纪念馆等为主题的红色文化旅游线。

2017年11月，韦昌进先后到井冈山、上海中共一大会址纪念馆等地参观学习，借鉴经验打造枣庄市红色文化名片，开展“寻根驻地红色革命足迹”活动，参与推动了枣庄市烈士陵园、铁道游击队纪念馆等红色设施建设。作为全国特邀政协委员，2018年全国两会期间他所提交的“英雄烈士保护法”的政协提案得到全国人大常委会法制工作委员会肯定，为全国人大常委会颁布实施的《英雄烈士保护法》提供了参考，引起了强烈社会反响。

韦昌进获得“八一勋章”后“人气”大涨，请他作事迹报告的单位络绎不绝，他深知作为主官经常外出讲课势必影响工作精力，但又不忍拒绝大家的邀请。韦昌进针对当前群众爱刷微博、爱看朋友圈的特点，就把宣传阵地搬上网，利用网络搞好国防教育。2017年以来，他借助人民网、强军网、《中国民兵》、《中国国防报》、微信公众号等媒体发表了30余篇文章，录制了5部视频在网络上共享，利用微信朋友圈撰写、转发正能量的新闻和网文，像《优秀青年来当兵，军营重塑你无悔的青春》《捍卫英烈，不只是烈士亲属的家事，更是国事》等文章吸引了大量粉丝点赞，很多文章点赞量超过10万，受教育人数是以前的十几倍。

2019年全国两会期间，韦昌进一边将加大国防教育力度的信息在微信群内发布交流，一边收集大家的意见建议。群内正能量满满，很多群友感慨地说：“与韦政委同群，感受的是人格魅力，触摸的是英雄情怀。”

恪尽职守，奋发进取干事创业

“不怕苦、不怕死、不怕亏”，“老山精神”始终融入韦昌进的血脉。无论在什么岗位，韦昌进都是全身心工作，忠于职守，兢兢业业。

韦昌进曾做过四五次大手术，身体不算好。但他从没有忘记肩上的责任，只要有任务还是像当年一样冲锋在前。担任军校教员10年间，他悉心把自己在战场上用生命换得的经验传授给学员，培育了一大批优秀骨干；担任连队政治指导员期间，他带出了享誉济南军区的“标兵连队”。

2017年6月，担任枣庄军分区政治委员伊始，他发现军分区的办公、训练、生活等设施比较老化。当月办公会上，他提出绝不能“守摊子”“混日子”，组织力量对国防动员指挥中心进行升级改造，同时全面改善基础设施。一系列动作不仅让营区有了很大变化，官兵的精神状态也焕然一新。很多老干部看到后高兴地说：“这才像个军事机关的样，在韦昌进政委的带领下，军分区建设肯定能走出低谷。”韦昌进抓机关的同时没忘记强基层。任职一年多的时间，他不顾身体疲劳跑遍了全市近50个镇（街道）武装部和120多个村（居）民兵连，梳理出兵员征集、国防动员、基层武装建设等6类33个基层建设问题，带领机关人员研究制定整改措施，拉单列条逐项抓落实，军分区多项工作受到省军区表扬。

2018年8月，韦昌进结合枣庄实际提出了大学生退役士兵优抚安置建议，并利用参加市委常委会的时机向市领导汇报。枣庄市委常委议军会议研究通过了他的提议，并以红头文件的形式明确规定：每年市级不低于年度事业单位岗位10%，区（市）级不低于15%的比例，定向招聘大学生退役士兵。安置新政策的出台成为枣庄籍大学生士兵安心服役的“定心丸”。

军民融合是个大课题更是新课题，韦昌进深知抓住机遇就能带动单位建设创新发展。为此，2017年，他在深入调研的基础上提出“聘请在枣庄工作的正团职转业干部为军民融合深度发展协调员”的建议，通过全面考察，聘用了12名“协调员”，组织召开军民融合深度发展座谈会，让他们发挥各自岗位职能优势。枣庄市人防办副主任王继启提出“将军分区国防动员系统镶嵌到高新区大数据平台”的建议，得到了地方政府大力支持，目前正在推进中。

勇于担当，冲锋陷阵勇当先锋

2014年，任济南警备区副政治委员期间，他牵头组织开展训风演风考风、基层风气、行业风气、清人清房清车“8个专项”清理整治。这项工作难度非常大，受到来自不同层面的阻力和压力，既有退休老首长的责备，也有地方人员的无理取闹，甚至他还接到了人身威胁短信。有朋友劝韦昌进：“工作差不多就行了，千万别因为小事影响自己的前途和安全。”但韦昌进还是有那股犟劲：“当年战场上咱都不怕死，现在也一样，只要是组织上交给的任务，用命换也要完成。”他秉承冲锋陷阵的战斗姿态，事事坚持原则、坚持标准，处理问题果断，清退不合理住房60余套，纠治房地产租赁项目23个，整改超标办公用房24

2014年6月28日，韦昌进为某训练基地官兵作事迹报告。

间，得到了上级党委机关和基层广大官兵的充分认可，就连被他用米尺量过房间面积的老干部也是暗暗竖起大拇指。大家纷纷点赞：“韦昌进还像当年一样有血性，不愧是打过仗的人。”

新官要理好旧账，是韦昌进的一条工作原则。2017年6月，刚到枣庄军分区工作，面对积压15年的银行欠款和转业干部安置费两个历史遗留问题，韦昌进和军分区党委一班人采取专题研究、现场办公和“拉单、挂账、销项”等方式加以推进，先后5次现场办公，最终两个历史遗留问题得到圆满解决。

作为一名经历过生与死的军人，韦昌进很爱“较真”。2014年12月，韦昌进带领济南警备区机关工作组，考察“关心国防建设十佳人物”人选。有一天，韦昌进和工作组负责考察某镇党委书记。镇党委书记汇报讲得不错，但在实地查看武装部和民兵连全面建设时，韦昌进发现有的基础设施不完善，文件资料不完整，很多工作也都没有落实。当场，韦昌进不顾情面地指出这些问题，并语重心长地说：“关心国防建设不能只挂在嘴上，关键要落实到行动上。”事后，这名领导想通过关系找韦昌进说说情，但最终还是被韦昌进投了“反对票”。

2018年4月，山东省军区民兵整组工作检查组对枣庄市市中区随机进行动态检查，发现了不少问题：基层建设标准不规范，应急装备器材不齐全，民兵工作软件资料内容不全面等。对此，个别基层武装部部长还错误地认为：“现在又不打仗，没有必要这么较真！”军分区党委常委会上，韦昌进提议“要彻底破除当和平兵、和平官的积弊，必须动真刀子”。会议决定：给予该区人民武装部部长、政治委员诫勉谈话处分，涉及区、镇地方人员的，要求该区做出相应处理。随后，

2015年，任济南警备区副政治委员的韦昌进来到集训现场，与辅导员们交流从军心得，鼓励在校大学生踊跃报名应征。

他在全区开展了“和平积弊大起底大扫除”活动，要求人人根据“体检报告”查找“和平病”，区分党委机关、团以上干部、基层干部职工和民兵骨干4个层次，查摆出40多个方面的问题，每个单位和个人逐一进行对号入座整改。

同时，韦昌进发挥市委常委作用，协调地方党委召开党委常委议军会议，指导军分区机关先后3次向市委、市政府报送上级关于民兵调整改革文件精神，4次拟制上报民兵调整改革工作意见建议，协调市、区两级先后投入700余万元调整配齐装备器材。经过20天的“整训式整改”，在省军区组织的民兵整组检查“回头看”中，枣庄军分区以优异成绩获得了检查组的认可和好评。

淡泊名利，坚守操守本色依旧

做人如水，做事如山。“名利”二字，韦昌进看得很淡。

韦昌进的这份淡定，缘于他经受过战场上生与死的考验，缘于他34年来爱党、信党、忠于党的不懈追求和执着。

如果说，30多年前的韦昌进成为英雄，还有偶然的因素，那么，今天的韦昌进，是把自己的英雄业绩归零后，再一步步地在和平环境中，把自己又一次塑造成为众人眼中的时代英模。

在济南警备区任副政治委员时，战友们纷纷劝他说：“老韦，论资历，你干副师职已经六七年，工作没少干；论功劳，你可是参过战的战斗英雄，拿命换来的；论关系，你和许多老首长私交深厚，在个人职务问题上，向上级汇报一下也在情理之中。”

“官当多大是大，再说职务提升既有素质、政绩因素，更有岗位适合的因素。作为一名党员干部，既要有本事，更要守本分。跑官要官这种不光彩的事咱不能干。”他总是这样严肃地回答。

韦昌进常说，当年的阵地没有被敌人攻破，现在作风这个阵地也决不能留下“突破口”，这个口子一旦开了，战友用命换的党性原则就没了。

2017年，在韦昌进就任枣庄军分区政治委员的第三天，他在陆军学院任教期间带的3名学生前来祝贺。寒暄过后，学生们表示给老师带来一些土特产。学生正要伸手打开汽车后备厢，被韦昌进一把摁住了。“你们来看我我很高兴，但东西不能要。”韦昌进对后来的来访者也是同样的态度，慢慢地，登门者也就适应了韦昌进的“待客之道”。

2017年7月21日，韦昌进和枣庄军分区党委一班人研究工作。

多年来，无论在哪一级岗位上，他始终严守纪律规矩，没有办过一件违反规定的事。

与韦昌进打过交道的人都知道，韦昌进有点“不太好说话”。2017年8月，一位老战友找他，“自己一个亲戚的孩子，征兵体检和政考都合格了，能否帮忙打个招呼选个好方向”。其实，对于已经担任军分区政治委员的韦昌进来说，这并不算什么难事，甚至就是“一句话”的事。但是韦昌进知道这“一句话”背后的含义，他耐心细致地给老战友解释说：“咱们当年当兵不都是组织安排到哪里咱们就去哪里吗？再说了，如果给有关系的孩子打招呼选方向，这也是对其他孩子的一种伤害。这种事，咱可不能干。”

生活上，韦昌进始终坚持艰苦朴素，勤俭节约。按照“义眼”使用要求，使用年限不超过3年，否则容易诱发炎症，然而韦昌进的这只“义眼”却整整跟了他32年。2017年，原本在上海一家医院可以换一只更好的“义眼”，单位也可以报销，但4万多元的价格还是让他打了“退堂鼓”，只换了一只4600元的“义眼”。

生活上韦昌进对自己“刻薄”，但他对战友之间的情谊看得最重。“每年都有许多老战友到我们家做客，老韦都是拿出家里最好的东西招待战友，临走了买好车票送送人家。我们家就是战友的家，我家的餐厅就像部队食堂一样。”妻子给了韦昌进很多理解和支持。

“从一名战士到正师职干部，职位高升了，但我们觉得30多年来他一点没变味儿，和我们还是那么近，可以说他的工资一大半都花在战友身上了。”韦昌进的许多战友感触颇深。对此，韦昌进认为：“比比牺牲的战友，活着就是最大的幸福。”

“人生的乐趣在于奋斗，生命的价值在于奉献。任何荣誉都会成为过去，唯有奋斗才属于今天。”韦昌进说。“强军梦”“中国梦”，这是他不懈努力奋进的动力。朝着这个目标和方向前行，是他为之奋斗一生的人生追求，他将始终保持冲锋的姿态，为国防和军队建设再立新功。

供稿单位：中共枣庄市委宣传部

枣庄军分区政治工作处

孔繁森 1944—1994

男，汉族，山东聊城人，中共党员。18岁参军，1969年从部队复员后，先当工人，后被提拔为国家干部。从1979年开始，他三次进西藏工作，先后担任岗巴县委副书记、拉萨市副市长、阿里地委书记。他关心群众疾苦，深入调查研究，与当地群众结下了深厚的情谊。在西藏最艰苦的阿里地区，全地区106个乡，孔繁森跑了98个，行程8万多公里。阿里地区经济的发展，凝聚了他的全部心血。1994年11月29日，他赴新疆考察途中，不幸发生车祸，以身殉职，年仅50岁。1994年9月，被国务院授予“全国民族团结进步先进个人”称号。去世后，被追授“模范共产党员”“优秀领导干部”“全国先进工作者”等称号，入选“100位新中国成立以来感动中国人物”。2018年12月18日，中共中央、国务院授予孔繁森同志“改革先锋”称号。他被誉为“党员领导干部的楷模”。

用热血铸就初心　用生命践行使命

——记党员领导干部的楷模孔繁森

在党取得政权成为执政党、将工作重点放到建设和改革的和平环境下，尽管各方面的条件都发生了变化，但为人民服务的根本宗旨没变，共产主义的伟大理想和中国特色社会主义的信念没有变。中国同样需要革命战争年代那种舍生忘死、舍己为公的牺牲奉献精神，同样需要保持那样的初心和担当。孔繁森就是这样一个三次经历生死考验、最后不幸倒在考察工作途中、牺牲在和平年代的人民英模。

“我在哪里发生不幸，就把我埋在哪里”

习近平同志说过：“在高原上工作，最稀缺的是氧气，最宝贵的是精神。”孔繁森作为新时期领导干部的杰出代表，用实际行动展现了当代共产党人的优秀品质，用生命和鲜血谱写了一曲具有时代精神的奋斗之歌、创业之歌、奉献之歌。和平年代，他与内地产生的英模人物最大的不同，就是工作、生活在条件异常艰苦的西藏。这里被西方医学界称为“生命禁区”，高海拔的环境不仅对健康产生严重影响，而且恶劣的气候和复杂的交通，随时可能会带来意想不到的危险。孔繁森回聊城，多次在饭桌上对好朋友说：“如果我回不来，你们记得过节过年为我摆双筷子。”大家都是没等他说完，便严词加以阻止。崇尚吉利顺遂的山东人非常忌讳说不吉利的话，担心会一语成谶！但没有人知道，孔繁森所言事出有因，援藏的10年里，他曾经三次大难不死。一般人经过一次危难就会后怕不已，一生谨慎，但孔繁森却历经危难志不移，越是艰险越向前。他干事创业、造福群众的信念从没动摇和改变，最后不幸倒在为人民奔波的路上，践行了他生能舍己、死不还乡的铮铮誓言！

1980年5月，岗巴县塔吉区孜克公社发生暴风雪，孔繁森带队组织救灾返回途中，不慎落马摔伤，是藏族群众轮流抬着担架，跋山涉水30多里把他送到了医院，他在昏迷三天三夜之后终于转危为安。第一次援藏期满，他回到聊城，在写给当时还在岗巴工作的甘肃援藏干部殷怀德的信中说，我虽人回了山东，西藏却把我的灵魂留下了！他多次表示：“我的这条命，是藏族老乡捡回来的，只要有机会，我就要豁上自己这百十斤儿，为藏族人民多做事、做好事！”这也为他第二次援藏，报答藏族人民救命之恩，打下了感情基础。1989年11月，孔繁森驱车下乡检查工作途中发生车祸，造成了严重的脑震荡、颅底骨折。他还未完全康复，就带领考察组到北京、重庆、杭州、合肥等地16所中学看望藏族班的学生。病痛折磨着他，而他全然不顾。由于这次车祸没有得到彻底的治疗，孔繁森留下了右眼成像重影、颈腰损伤的终身残疾。1994年2月，一场50年（西藏民主改革以来）不遇的暴风雪，让还没解决温饱的阿里地区雪上加霜，雪灾增加了数以万计的灾民，50多万头牲畜死亡，直接经济损失超过亿元。孔繁森率工作队踏着齐腰深的积雪，深入受灾最严重的革吉、改则两个县，把每户牧民的受灾情况一一记在笔记本上，挨家挨户地走访牧民、分发救灾物品和救济款。2月27日凌晨，孔繁森感到头痛欲裂、心慌气短、四肢无力，由于连日超负荷的工作和长时间的高原反应，让有着医学知识的他预感到了死神的来临。他艰难地支撑着身体，在笔记本上给公务员小梁写下了遗书，短短的交代，字里行间充满了革命英雄主义的情怀和对老母亲、妻子、孩子的眷眷深情。这封写在笔记本上的遗书，现已成为国家一级革命文物、100件齐鲁瑰宝之一。这是他第三次大难不死。1994年11月29日，孔繁森带领党政考察团赴新疆塔城巴克图口岸考察边贸工作。29日中午12时18分，行至托里县城北两公里处，由于路面结冰加之车速太快，车辆颠覆发生车祸。托里县军民在第一时间组织抢救，年轻的战士排着长队准备献血，最终也没能挽留住他年仅50岁的生命。三次大难不死的他，这次却像一道绚丽的彩虹融进高原的蓝天，留给亲人无穷的哀思，留给后人不尽的怀念。从他生前使用的新疆昆仑宾馆的信笺上，我们可以看到，孔繁森在这次考察期间匆匆拟就了关于“阿里发展亟待解决的十二个问题”，没想到这竟成了他留在高原上的绝笔。四页便笺字里行间都倾注着他对阿里发展的急切心情，渗透着他

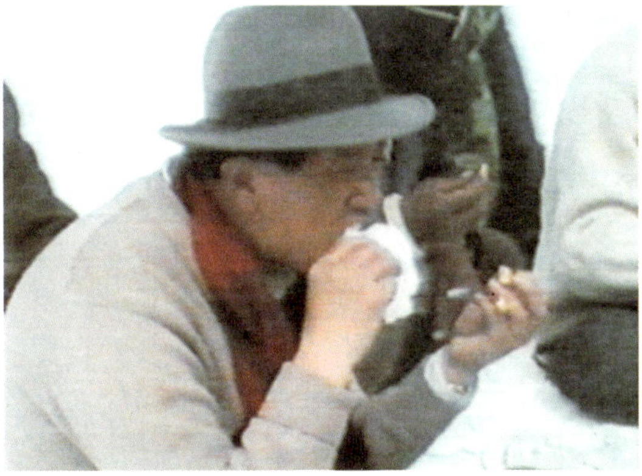

1994年2月，阿里遭遇罕见的雪灾，孔繁森带领工作组立即奔赴灾区指导救灾。途中，饿了就抓把雪就着干粮充饥。

对阿里建设的心血，也留下了对阿里明天的殷切希望和美好盼望。壮志未酬身先去，他永远倒在了为西藏人民谋幸福的追梦路上。据中央军委原副主席迟浩田回忆，他和孔繁森两次见面，都听他说过“活着就干，死了就算”的话，最后一次离孔繁森殉职只有4个月！这也说明，在那样艰险的情况下，孔繁森早已把生死置之度外，随时做好了为人民牺牲一切的思想准备。耐人寻味的是，孔繁森殉职18年纪念日这一天，习近平总书记带领新一届中央领导集体参观国家博物馆“复兴之路”展览，第一次定义了中华民族伟大复兴的“中国梦”，向全世界发出了振聋发聩的时代强音。

“咱是党的人，咱得给公家办事啊”

他在国家和人民需要同家庭需要的矛盾中，最终选择了前者，让亲情升华为人间大爱。每个人在人生中都会遇到各种选择，而孔繁森的选择彰显了对祖国和人民的大忠大义。一个结婚的男人，妻子身体不好，3个孩子尚未成年，且在农村靠种地维持生活，此时组织上决定平调他去西藏工作3年。一边是虽然清贫但可以照顾家庭的副县级干部岗位，一边是海拔4000多米、生活条件艰苦、生存环境恶劣的高原，这个时候他该怎么抉择？孔繁森说：“西藏缺少干部，急需支援。我这样年轻的县级干部不报名，难道还让党点名？再说，谁没家庭，谁无妻子老小，如果以此理由不去西藏，党交给的援藏任务谁来完成？”当时，很多人宁可受处分和降职也不愿去艰苦的环境中遭罪。孔繁森进藏本来是作为日喀则地委宣传部副部长选调的，报到后，区党委见他年轻体壮、意气风发，决定改派他到海拔4700多米的岗巴县

1979年，第一次赴藏前孔繁森和家人在五里墩村家中的合影。

担任县委副书记，并征求他的意见。他说：“我是党的干部，听从组织安排。”一干3年，成绩出色，和那里的人民结下了深厚的友谊。1988年，山东省在选派进藏干部时，从政治觉悟、政策水平、身体条件综合考虑，想让他再次赴藏工作。一边是85岁、生活完全不能自理的老母亲和正处在升学节骨眼儿上的儿女，一边是比在内地更加艰辛的工作任务，仍然是平调，他该怎么抉择？年近九旬的老母亲，生活已不能自理；3个孩子尚未成年，需要有人照看；妻子动过几次大手术，体弱多病。自己一走，全家的生活重担又要压在妻子一人肩上。他不会忘记第一次进藏时家里的情景，里里外外都是妻子操劳。

5年以后，就在他工作期满，马上可以回到内地工作，可以回家为母亲尽孝、陪伴老婆孩子的时候，自治区党委征求他的意见，希望他继续留在西藏，到海拔更高、条件更艰苦的地方再工作一段时间。这个时候，他又该怎样抉择？当时，他已被中组部地方干部局列入考察范围，但他却准备把老婆孩子带到西藏，做好了长期扎根西藏的思想准备。他在致时任聊城地委书记陈延明的信中表示："不管怎样，作为一个入党多年的同志，服从命令是第一位的。"孔繁森同志这些质朴又坚定的话语，与习近平总书记"牢记自己的第一身份是党员，第一职责是为党工作"的要求在思想上是多么惊人的一致、高度的契合！

他是为了当官吗？那些与他同时期或是晚些提拔、没去援藏的干部，不少人的职务都比他高得多。这位没法尽孝的大孝子，难以顾家的好男人，在岗巴3年副县级平调，拉萨5年多副地级平调，阿里不到1年升为正地级，历时10年，把仕途中最好的年龄都奉献给了西藏人民。

无情未必真豪杰。1993年12月2日，一个停电的晚上，他给小女儿孔玲写信说："玲玲，爸爸想你，想全家人，没办法，还是工作第一！"为了党的事业，孔繁森把对家乡、对亲人的爱，把内心的痛苦深深地埋在心底，把博大无私的爱献给了祖国和人民，献给了他挚爱的雪域高原。

"我下定决心，把自己的一切献给勤劳勇敢的西藏人民"

从进藏第一天开始，他就把这片土地作为自己的第二故乡，他克服高原反应，吃风干的牛羊肉，喝酥油茶，学会了骑马，很快适应了

时任阿里地委书记的孔繁森下乡考察途中，利用在济南军区总医院服役时学到的医护知识为牧民诊病。

藏族群众的生活方式。他常说："不为民解忧，何以言公仆。"在岗巴，为了在农牧区推广家庭联产承包责任制，带领群众脱贫致富，他亲自到一个乡试点，又把经验在全乡推广。在岗巴3年，他跑遍了全县的乡村牧区，每到一地就访贫问苦，宣传党的政策，和群众一起收割、打场，亲自在建水库的工地背石头，后背都磨破了。在拉萨，他到任仅6个月，跑遍了全市8个县（区）所有公办小学和一半以上的村办小学，召开会议30多次，提出了一系列发展教育的措施。从他的工作笔记发现，他的工作非常扎实和深入，分管教育，组织召开班主任座谈会。为了结束尼木县续迈、续普、林岗3个乡群众罹患大骨节病的历史，他带领卫生、民政部门实地考察，多次到海拔5000米的山顶水源处采集水样，采取打深水井、组织搬迁等办法，让群众喝到了放心水，从根本上解决了患大骨节病这个藏族群众认为“非神仙下凡而不能解决”的历史问题。

孔繁森布置工作的口头语就是：“工作要上去，干部要下去。”联系实际接地气，能跑基层，深入群众是他最大的特点。阿里地处祖国西南边陲，与印度、尼泊尔等国家和地区相邻。这儿很远，距离首都北京6000多公里，距离西藏首府拉萨1600多公里，距离新疆最近的县叶城1060公里。一年有一半时间会大雪封山、交通中断，和外界处于隔绝状态。这儿很高，比平均海拔3500米的拉萨还高1000米，大致相当于3个泰山摞起来的高度。地方很大，阿里地区的面积是30.4万平方公里，相当于两个山东省，最大的一个乡，面积就近6万平方公里。这儿人很少，全地区仅有10万人，最小的一个乡，是只有400人的一个村。这儿很热，因为离太阳最近，年日照时间最长，有着世界上最丰富的太阳能资源和最强烈的紫外线。这儿也很冷，八级以上大风年平均149天，年平均气温0℃。有记载的极端低温曾达-44.6℃，冻土层近两米。昼夜温差大，夏天下大雪，四季穿棉袄。空气含氧量最高的时候还不足平原地区的一半，比较差的冬天仅有内地的三分之一。

在阿里，他三分之一的时间在县、乡度过。饿了，就吃一口风干的牛羊肉；渴了，就喝一口山上流下来的雪水。路不通就骑马，马上不去就步行。长时间骑马下乡，腿都磨破了，裤子和血肉都粘在一起。不到两年时间，全地区106个乡，他跑了98个，从南方的边境口岸到藏北大草原，从班公湖到喜马拉雅山谷地，行程8万多公里，那可是在人烟稀少的高原，其艰辛程度难以想象！

在拉萨任副市长期间，孔繁森高度重视农业科学技术的推广，这是他和科研人员在田间研究科学种田。

孔繁森总结出阿里贫困的三大原因、发展的六大优势，制定了“北联新疆，南拓边贸，建设三个不同类型又互为补充的区位经济开发区”的规划。此外，为了让阿里人民过上幸福生活，他组织实施阿里防抗灾基地、狮泉河给排水工程、5个县住房改造等十几个民生项目，招商引资，投资兴建山羊绒梳绒厂、硼矿脱水厂等。在以他为首的地委、行署领导下，1994年，全地区国民生产总值超过1.8亿元，比上年增长37.5%；国民收入超过1.1亿元，比上年增长6.7%。

“一个人爱的最高境界是爱别人，一个共产党员爱的最高境界是爱人民”

他是善良仁义、乐善好施、助人为乐的“及时雨”，全心全意为人民服务的光辉典范。他不打官腔，没有架子，喜欢交朋友；心肠软，眼窝浅，很有同情心，考虑别人多考虑自己少，见不得别人有难处，有难必帮；手里存不住钱，心里存不住事。他在部队，巧妙处理抢收玉米事件；在莘县，帮助范县老大娘上访；在拉萨，帮助黎穆萨贷款；在阿里，为措勤县武警中队的战士买月饼，使10多名转业干部得到妥善安置，帮13名军官家属找到理想工作。

孔繁森说，能为他人解决点困难和痛苦是人生最大的幸福。“孔繁森临死身上只有八块六毛钱，别人不信，反正我完全相信！”和孔繁森一起第一次进藏的聊城市政协原副主席宋来君在接受采访时肯定地说。他见不得别人有困难，常常帮助别人，全然不顾自己。宋来君当时担任南木林县副县长，孔繁森任岗巴县委副书记，有次商量好一块回内地，随后赶到机场的孔繁森不好意思地找到宋来君，让他帮着买张回山东的机票，他身上没钱了。熟知孔繁森习性的宋来君又好气又好笑：伙计，你忒没数了，回家连路费都没了？钱呢，又学雷锋了！孔繁森笑了，未置可否，最后是宋来君为他买了机票。在拉萨当副市长，他和通信员在街上走，遇到乞丐，都是把身上的零钱掏给他们，然后让通信员也照着做。后来，街上的乞丐都认识他了，好多人都追着他身后叫“孔市长”。

他在拉萨的宿舍，屋门的钥匙就放在门框的上面。他在家，屋里满人；不在家，屋里也满人，那是所有认识他的人的招待所、俱乐部。孔繁森在拉萨的宿舍是小小的两间房，外间是客厅、厨房，里间是宿舍。客厅不大，宿舍里安张床，门就没法全开了。他是这批山东援藏干部的领队，在工作不紧张的星期天、节假日，经常把一块进藏的老乡邀请到家里，亲手给大家做几道家乡风味的菜肴，斟上一杯家乡酒。

后来，由于他的热情好客，河北、河南等外省的援藏干部也闻讯前来。其实，当时的拉萨，市面上食品供应短缺，也没什么好吃的，就是开几个水果、干菜罐头，切几样能买到的蔬菜，或者大家动手包顿水饺。大家远在他乡，孤单寂寞，凑个热闹。他也趁机了解大家的思想动态、家庭状况、身体情况和在藏工作、生活的具体问题，有针对性地做好大家的思想工作，用自己老大哥似的热情，让这些远离家乡、难得回家的援藏干部，感到亲人般的温暖和关怀。时间长了，大家觉得老是白吃孔繁森的，感到不好意思，有的主动提出凑钱，有的来时带点酒菜。孔繁森对大家说，他是山东带队的，省委组织部对援藏干部很关心，专门有这部分经费！孔繁森去世后，这件事经过了解，终于真相大白，省委组织部根本没有这样的资金安排，都是花的孔繁森自己的工资。他的老同事、老朋友，时任山东省委组织部副部长的王克玉感慨地说，组织上没想到的，繁森替组织想到了，组织没做到的，繁森替组织做到了！他的好朋友陈孝忠说，孔繁森是经常将个人和家里的钱往外掏，贪污腐败分子则是把公家的钱、别人的钱往里搂。这一里一外，两相比较，精神境界有天壤之别。

孔繁森在拉萨的家，不仅是援藏干部的大伙房，也是部队官兵、藏族同事，甚至认识他的藏民、个体商贩的招待所、俱乐部。孔繁森没有架子，不分高低贵贱，一视同仁。他愿意和普通人在一起，这些普通的人也因为他的亲和力，很快把他当作无话不谈的好朋友。很多去过他家的人，都对他这个家印象很深。家很窄小，很简陋，条件很差；人很多，床上、凳子上、靠着桌子的都是人。家里什么样的人都有：有干部，有市民，有解放军战士，有学校的老师，甚至还有街上

1990 年 9 月，孔繁森在拉萨河畔偶遇藏族青年教师夫妻和孩子们洗衣服，于是询问起他们的工作和生活情况。

理发的。据当时在拉萨公安部门工作的范春峰回忆：什么时候，都是满屋子的人。有他邀来的，有来找他办事的，也有什么事也没有只是想来找他聊天的。那一顿饭，先后来了好几拨人，孔繁森为这些“不速之客”下了三次面条。即使孔繁森不在家，那些年轻的通信员、警卫员和武警战士，也照样到他的家中聚餐、聊天。因为他们都知道，这个清贫的副市长除了一颗火热的心，家里没有一件值得防备别人、担心失窃的名贵东西！孔繁森常说，朋友的大门对朋友敞开着。他所有的熟人都知道，孔繁森家门的那枚钥匙，就放在他屋门门框上，举手一摸就能拿到，顺手打开门就能进家！家门不设防，源于他对别人的充分信任和满腔热忱，他的心对同事、对朋友、对群众从不设防。

每逢佳节倍思亲。长期饱受离别之痛、思亲之苦的孔繁森，对年轻战士们思念家乡亲人的心情感同身受。中秋节和除夕之夜，不能回山东的孔繁森，都是把不值班的战士尽可能全地叫到他的家里，为他们做几个好菜，包顿饺子。让这些还是孩子的年轻战士，唱一唱，乐一乐，玩一玩，闹一闹，抚慰一下乡愁，减轻一下思念，以便更安心地服役尽责。那些年轻的喉咙里，飞出《少年壮志不言愁》《骏马奔驰保边疆》这些热情奔放的旋律，以及《妹妹找哥泪花流》《月亮走我也走》这些柔美动人的歌声。无私的人最快乐，施与的人最幸福。因为奉献和付出，他获得了内心的安宁和喜悦，诸多的爱造就了孔繁森的快乐。

郁达夫在《怀鲁迅》一文中说过："没有伟大的人物出现的民族，是世界上最可怜的生物之群；有了伟大的人物，而不知拥护，爱戴，崇仰的国家，是没有希望的奴隶之邦。""孔繁森精神"是聊城的也是山东的，是内地的也是西藏的，是中国的也是世界的，是历史的也是现在的、未来的，是生动具体的也是广泛深刻的。不因岁月尘封而失色，不因时代变迁而黯然，不因地域差异而淡化，在历史发展进程中始终屹立在人民心中，始终迸发着真理的力量，始终焕发着夺目光彩。无论历史怎样变化，英雄始终是我们内心的坚守、追随的真理、讴歌的对象。他虽然离开我们20多年了，但他的伟大精神体现的勇于担当的理想信念和价值追求，已成为中国精神的重要组成部分，具有持久旺盛的生命力，将和"雷锋精神""焦裕禄精神"一样，过去是、现在是、将来仍然是我们党和国家宝贵的精神财富。

供稿单位：孔繁森同志纪念馆

朱彦夫

男，汉族，山东沂源人，中共党员。1933年7月出生，1947年入伍，参加过淮海战役、渡江战役、抗美援朝战争等，参加大小战斗上百次。在抗美援朝战场失去四肢和左眼，10次负伤，3次立功。1956年，主动放弃荣军休养所特护待遇，回乡自立自强。1957年起，担任村党支部书记25年，带领群众战天斗地，治山治水，造田架电，先后打吃水井9眼、灌溉大口井3眼，建设高架水渠1500米，发展苹果园40亩、花椒10万株、桑树2万株，使全村群众过上了温饱殷实的好日子。1982年，从村党支部书记岗位退下来后，为弘扬革命传统、教育后人，他以超常毅力，用嘴衔笔、残臂夹笔，历时7年，创作完成两部自传体长篇小说《极限人生》和《男儿无悔》。曾荣获“山东省劳动模范”“全国模范伤残军人”“全国自强模范”“全国优秀共产党员”“时代楷模”等称号，获得“2015中国消除贫困奖感动奖”，被誉为“永远的战士”“当代中国的保尔·柯察金”。

永远的战士

——记沂源县张家泉村原党支部书记朱彦夫

朱彦夫同志是山东省沂源县西里镇张家泉村人，1933年7月出生，1949年加入中国共产党，一级伤残军人。1956年，他主动放弃荣军休养所的特护待遇，毅然要求回乡自立自强，开拓新的人生之路。1957年担任村党支部书记，带领全村群众治理荒山、兴修水利、发展教育，经过25年的艰苦奋斗，使全村群众逐步摆脱贫穷落后状态，过上温饱殷实的好日子。2014年3月31日，他被中宣部授予“时代楷模”荣誉称号，5月16日第二次被授予“全国自强模范”荣誉称号。

自费办起山村图书馆和第一所夜校

1957年，那时的张家泉村是出了名的穷村、乱村，老老少少识字的没几个。村党支部书记朱彦夫意识到要改变村里贫穷落后的面貌，就必须提高村民的文化素质。朱彦夫决定在村里建个图书室。但是当时的条件异常艰苦，什么都没有。没有书架怎么办，他就找母亲商量，想用寿材板打个书架，老人一开始不答应，跟他说：“什么都依你，这个不依！”老朱跟娘动心眼儿，他憋在屋里，不吃不喝，谁叫也不理。娘心疼儿子，答应了他的要求。他拿出自己微薄的抚恤金，置办图书，创办了图书室。图书室乍一开张，乡亲们觉得稀奇、新鲜，都往图书室里钻，但时间不长，就冷清下来。朱彦夫深知其中的原因——乡亲们没几个识字的，许多村民连自己的名字都不会写。

朱彦夫又拿出自己的抚恤金，办起了山村里的第一所夜校，亲自担任教员，教群众识字。朱彦夫说：“乡亲们，旧社会我们贫下中农的孩子上不起学。解放后，国家百废待兴，目前的教育还很薄弱，加上农村还比较贫困，受过教育的农民仍不多，咱村里500多口人竟没有一个高小生。没文化不行，没文化思想就适应不了社会主义革命和建设的需要。不用说科学种田，就连记个账也不能。只要用心学，肯下功夫，学习并不难。我也是残废以后慢慢学的，水平不高。咱就一块学习，共同提高吧！”

为了在黑板上写字，他把粉笔上套上弹壳，用两只残臂夹着用力在黑板上写字，弹壳扎进残臂钻心地疼，但他仍然坚持。夜校离家2里路，朱彦夫每天拄着双拐，拖着17斤重的假肢，天天晚上风雨无阻。有年大雪夜，他上坡时摔了一跤，忍住钻心疼痛，用残肢一点点往夜校挪。乡亲们一路寻来，含泪把他背上讲台。

他的心血没白费，在两年多的时间里，100多名学生从夜校走出，成为张家泉村建设时期的中坚力量。此后各生产队、大队的历任会计，都是夜校的“毕业学员”。现在村里上了年纪的人，凡是识字的，几乎是在夜校里学出来的。

棚沟造地，向山沟要良田

张家泉村两山夹一河，村边的赶牛沟、腊条沟、舍地沟，把农田分得七零八落。尤其是最大的赶牛沟，常年洪水冲刷，沟里乱石如阵，寸草难生。一遇上自然灾害，就连年歉收，村民经常填不饱肚子。

要脱贫，先改地。朱彦夫作出一个大胆的决定——棚沟造地，用石头把沟棚起来，上面填土，让农田连成片；下边淌水，洪水来了也冲不了地。但是，张家泉村壮劳力不过百十号人，这块硬骨头啃得动吗？村民都在发愁。朱彦夫说：“不干，沟还会一年年荒下去；整起来，就是咱村的粮囤子。讲困难，我这个残废都不怕，你们还怕啥？”一番话，说得人人面露愧色。士气鼓起来，发展就有了希望。忙完秋收，张家泉人开进了赶牛沟。镢刨锹挖，筐抬车推，一干就是

朱彦夫担任村支书时与村民一起在田地劳动

一个冬春。朱彦夫天天泡在工地上，用两只残臂夹着铁锨，一点一点培土。

一个冬春下来，村民搬了2万多立方米土石，建成了1500多米长的暗渠。荒废了不知几辈子的赶牛沟，变成了40多亩平展展的良田，当年增产粮食5万多斤。年年冬春，年年大干，朱彦夫天天在工地上。舍地沟、腊条沟也变成了70多亩良田，所建造的良田在当时解决了吃饭问题，直到现在仍给村民们带来了巨大的经济效益。

解决了口粮问题，他顶住压力大搞副业，改善了村民生活；他带领林业队，种植苹果和花椒，绿化荒山近千亩，让荒山变成了花果山，山上长出了摇钱树。

修建大口井，解决山村缺水问题

张家泉是个缺水村，直到20世纪60年代末，别说浇地灌溉，吃水都是难题。为了挑点水，村民得跑几里山路，去晚了只能舀点泥汤。荒山造林需要水，养家糊口更需要水。

朱彦夫翻山越岭请来水利专家，转遍了沟沟坎坎，几天下来，数不清摔了多少跟头。晚上回到家，老母亲看到他摔得浑身是伤，心疼得直掉泪。

水源找到后，朱彦夫天天靠在打井工地上，现场指挥，解决难题。数九寒天，张家泉的打井工程热火朝天。打到10米多，井底开始见了水。朱彦夫放心不下，非要下到井底去看看。一阵忙活之后，朱彦夫想卸掉假肢休息一会儿，却发现怎么也卸不下来。原来，打井溅起的泥水，加上腿上冒出的汗气，混合了断肢创面上磨出的血水，生生把

朱彦夫在打井工地上现场指挥

假肢和断肢冻在了一起。

经过一个冬天，一眼深6米、东西宽24米、南北长33米的大口井终于竣工了，张家泉村有了历史上的第一眼大口井。此后的两个冬天，朱彦夫带领乡亲们一鼓作气，又打出两眼大口井，修建了1500米长的水渠，彻底解决了村民用水匮乏和无水浇田的问题。

奔波7年，张家泉村用上电灯

1971年，朱彦夫开始为张家泉架电而奔波。没想到，这场“仗”整整打了7年。架电器材短缺，供电部门爱莫能助，沿途村庄不施援手，村里要通电，只能自己想办法买器材。活人还能让尿憋死？朱彦夫不信这个邪。他利用一切外出机会，到处联系架电器材，原本要两个小时卸一次的假肢，经常一捆就是十几个小时。

那一年夏天，朱彦夫到淄博博山采购，为省下住宿钱，晚上就睡在马路边，卸下假肢当枕头。过路的人很多，时不时就有人停下来，疑惑又同情地看他几眼，胆小一点儿的远远地站那儿嘟囔一句："这人真可怜，没儿没女的……"胆大一点儿的俯身在他脸前扔下几分钱……

7年间，朱彦夫拖着残疾的身体，先后乘火车跑上海、南京、陕西等地联系材料来解决村里的用电问题。有太多这样的酸甜苦辣，两万多公里的奔波，终究换回了15公里的架电材料。1978年张家泉村结束了点油灯的历史，成了全乡第一个用上电灯的村。

清廉公正，用抚恤金接贫济困

20世纪六七十年代的张家泉村，家家日子过得都很紧、很苦，有的吃不饱、穿不暖，有的无钱看病。只要朱彦夫知道，他必会想方设法尽力去帮助乡亲渡过难关。

64岁的张吉才是朱彦夫的邻居，说起朱彦夫对他家的救助，他满心激动、热泪盈眶。1977年，他5岁的儿子因患有肺炎住进了医院。朱彦夫得知后赶到10公里外的走马坪医院，把10元钱塞到张吉才的手里说："钱不多，先拿着，给孩子看病重要，不够我再想办法。"两年后，张吉才的父亲又生病住院，家里实在无钱看病，就到村里各家各户借，跑遍了村子也未借到钱。因为大家都穷，想帮也没能力帮。这时，他想到了老书记朱彦夫，但又一想："不行，不能再向书记借了，上次给我的10元钱还没还呢。"可这事还是没有瞒过朱彦夫。朱彦夫又从自己每月36.04元的抚恤金里拿出30元送到了张吉才手里。后来张吉才家里有了钱，想还给朱彦夫，跑了好几趟，可朱彦夫说什么也不要。

村民褚秀才兄弟5个，家里人多地少，经常吃了上顿没有下顿。1971年，家里实在是吃不上饭了，四弟饿得干瘦如柴。朱彦夫了解到

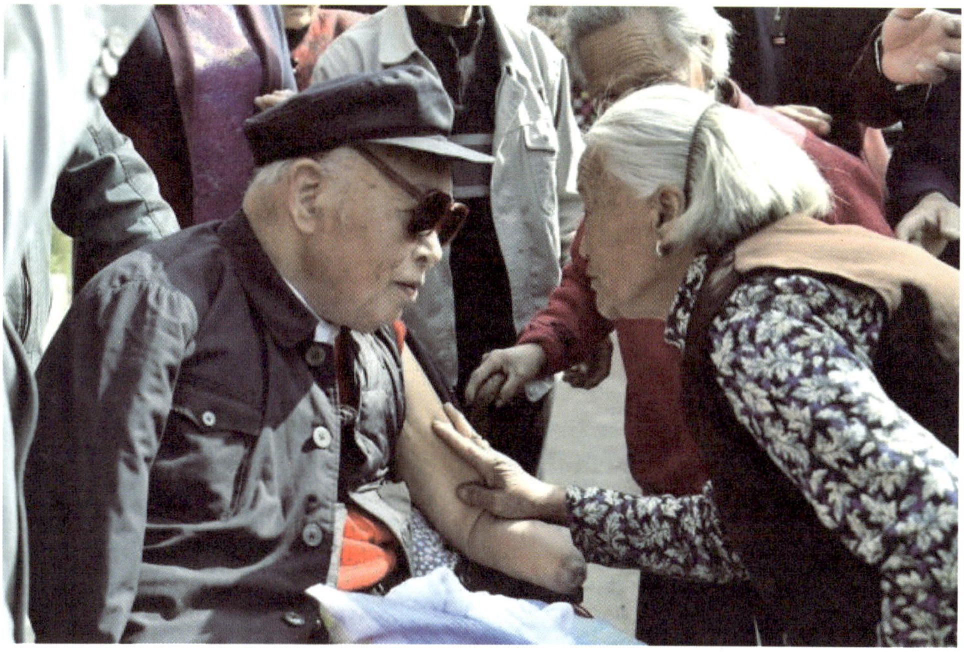

朱彦夫回张家泉村看望村民

情况后，回到家立即让妻子送去五六十斤地瓜干。褚秀才一家人靠吃地瓜干维持了一个多月，这些地瓜干成了褚秀才一家的救命粮。而这时，朱彦夫一家人也吃不饱。

朱彦夫当村党支部书记期间，出出进进为村子里办事，从来没有在村子里报销过一分钱，帮村子看水利的、架电的上级来人，过了吃饭时间，没有地方吃饭，都是他掏钱在自己家招待。25年来，他不仅没有在生活待遇上向组织伸过手，而且多次谢绝组织的照顾，主动用自己微薄的抚恤金为集体办事情、接济困难群众……他心里时刻装着的是村里的发展、村民的冷暖。一次，他外出作报告，人家要给他钱，他不要。后来为了表达心意，说要送给村里两台拖拉机，他就欣然答应了。有的单位为了答谢朱彦夫，送来一车化肥，他没有留给自己，而是当即分给了每户村民。

1982年，朱彦夫患心脏病，考虑到自己的身体状况，经组织研究同意，他辞去了村党支部书记职务，全家迁往沂源县城居住。身在县城的朱彦夫，心里仍牵挂着山村的群众，经常拿出自己的抚恤金接济乡亲们，每年都要回张家泉村看一看，与群众共商发展大计。张家泉村口，立着一块修路石碑，捐资名单的第一个便是朱彦夫，出资1000元。立碑时间是2004年春，距朱彦夫卸任村党支部书记已22年。

朱彦夫同志14岁参军，18岁失去双手双脚和左眼，昏迷93天，动过47次手术，却以惊人的毅力，实现了生活自理。面对家乡的落后面貌和群众的期望，他挺身而出，勇挑党支部书记的重担，与群众同甘共苦，在张家泉村山山水水间，深深地印下了他立行、跪行、爬行、滚行的“痕迹”。几十年的艰苦奋斗，换来了张家泉村“山上松树带帽、山下林果缠腰”的景象。这都源于朱彦夫同志一心为民、无私奉献的高尚情怀，源于他对祖国满腔热血，源于他对乡亲们一片真情。

供稿单位：中共沂源县委宣传部

1975—2018 许步忠

男，汉族，中共党员，生前为兰山区副县级干部、义堂镇党委书记。他始终信念坚定、忠诚于党，在各个岗位上都作出了突出成绩，特别是在担任义堂镇党委书记期间，他团结带领干部群众推进西部新城开发建设、板材产业转型升级等重点工作，有效破解了拆迁、工业围城等一系列发展难题，造就了义堂拆迁经验，带出了“干事创业好班子”。2018年10月22日，许步忠同志因连续工作，劳累过度，突发疾病，抢救无效去世，年仅43岁。中共山东省委追授许步忠同志为“山东省优秀共产党员”，中共山东省委宣传部追授许步忠同志为“齐鲁时代楷模”。2019年6月25日，被授予全国“人民满意的公务员”称号。

以身许党　步步忠诚

——记兰山区义堂镇原党委书记许步忠

许步忠生前任职的义堂镇是全国重点镇、国家级发展改革试点镇、国家新型城镇化综合试点、国家级建制镇示范镇、山东省发展改革试点镇、山东省百镇建设示范镇、临沂市优先发展重点镇、中国板材之乡，面积101.5平方公里，人口29万，下辖14个行政社区、68个自然村，共有基层党组织152个、党员3832名（农村党员3278名）。2018年7月，义堂镇党委被山东省委组织部表彰为“干事创业好班子”。10月21日（周日），许步忠同志7：30到办公室工作，10：30到企业现场办公，研究土地流转和项目落地工作直至12：30，突感身体不适，13：00到义堂镇卫生院就诊，因病情加重，15：30到临沂市人民医院急诊科就诊，因主动脉夹层动脉瘤破裂，经抢救无效，于10月22日00：13去世，年仅43岁。

许步忠工作25年来，始终信念坚定、忠诚于党，立足本职、拼搏奉献，在各个岗位都作出了突出成绩，赢得了干部群众的一致称赞。特别是在担任义堂镇党委书记期间，他勇挑产业重镇、板材之乡发展重任，担负西部新城开发、新旧动能转换重要职责，守牢安全、环保、稳定三条底线，勇于担当、开拓创新、攻坚克难，取得突出成效。许步忠同志用自己的行动和生命，诠释了一名共产党员对党忠诚、无私奉献的优秀品质，展现了一名基层干部恪尽职守、敢于担当的崇高精神，是新时代乡镇党委书记的楷模。

信念如山，忠诚可靠

对党忠诚、信念坚定，是许步忠同志一生的坚守。入党22年来，他牢记党旗下的宣誓，夙夜在公，勤政为民，前后经过多个岗位，任职多个乡镇，但信念弥坚，初心不变，坚决拥护党的决定，自觉维护党的集中统一领导，始终坚守精神高地，保持共产党员的政治本色，真正做到了“以身许党、步步忠诚”。他深入学习贯彻习近平新时代中国特色社会主义思想和党的十九大精神，自觉在思想上、政治上、行动上同以习近平同志为核心的党中央保持高度一致。他把对党忠诚立在高处、落在实处，时时以组织重托和群众信任提醒自己、鞭策自己。几次岗位调整，不论是组织安排其到临沂商城主管消防工作、到李官镇抓土地增减挂项目，还是到义堂镇担任党政正职，都面临相关工作局面比较被动、压力特别大的情况，对组织安排，他坚决服从、义无反顾。无论在哪个岗位，他都把贯彻党中央决策部署、完成上级交办的任务、维护群众的切身利益当作政治责任，“对上级交代的工作，说得最多的就是‘没问题，请放心’”，想尽一切办法落实到位，体现了牢固的“四个意识”、坚定的“四个自信”，用实际行动践行了“四个服从”“两个坚决维护”，兑现了对党和人民的庄严承诺。

把握大局，推动发展

担任义堂镇党委书记以来，他带领干部群众认真落实“创新、协调、绿色、开放、共享”发展理念，主动在全市、全区发展大局中找准定位，完善“培育一座城市、统筹三片发展、建设五个义堂”的发展思路，突出“东接商城抓征收、中建城市抓开发、西强产业抓升级”三大重点，实行“党建、城建、产业、生态”四线推进，取得明显成效。

一是坚持党建引领。镇党委扛实压紧管党治党责任，持续抓班子、带队伍，抓基层、夯基础，有效发挥了领导核心作用，迅速形成了心齐劲足、干事创业的生动局面。有的退休干部感慨：“党建是许书记工作的‘撒手锏’，通过抓党建，一个人不换，班子大变样，我们退休干部也想跟着干。”党委投资200万元建设义堂商会党群服务中心，成立商会党委，探索创新了“三商”区域化党建新模式。二是坚持以拆促改。以西部新城建设为目标、以旧村改造为突破口、以征收拆迁为重点，相继完成“两路两园两片区”拆迁清障，发展空间全面拓展。2018年以来共完成征收350万平方米，拆迁量是2017年全区的2倍。三是坚持“腾笼换鸟”。以抓好中央环保督查反馈问题整改为契机，推进新旧动能转换，加快高质量发展，规划建设了板材提升区、木业产业转型升级配套区、化工产业集中区、木业机械产业集聚区；聚焦环保要求与科技提升，整治“散乱污”企业，2017年关停264家，2018年拆除1260家，同步落地建设了新港木业、俏家二期等5个高端木业项目，建立全省木业行业第一家博士后工作站、中国工程院院士

2018年10月9日，许步忠带领义堂镇扩大会成员到临沂市廉政教育基地参观学习。

工作站，在破解“工业围城”突出问题上闯出一条新路。2017年，义堂镇地方财政收入首次超过5亿元，在2017年度兰山区科学发展综合考核和2018年上半年观摩考核中，均位列第一；2018年前三季度，义堂镇实现地方财政收入6.39亿元，完成全年任务的108.4%，同口径增长51.8%。

勇挑重担，事不避难

敢于担当历来是沂蒙精神的鲜明底色，这在许步忠身上体现得尤为突出。

在临沂商城工作期间，面对市场物流仓储数量众多、消防安全任务重压力大的情况，他跑遍所有市场深入调研，建立联席会议制度，完善人防、技防、物防措施，推动消防安全形势显著改善，安全事故大幅下降。

在李官镇推进土地增减挂项目时，他主动包情况最复杂的村，带头冲在最前面，探索出了“四个五”工作法，圆满完成了工作任务。在楼子村搬迁工作现场，上千名群众对楼盘分配方案不理解，群体性事件一触即发，关键时刻他挺身而出，高喊“一切听我的，我是镇人大主席，绝对给你们满意答复”。经过艰苦细致的工作，问题最终得以妥善解决。

到义堂镇工作后，如何破解义堂发展与木业治理的矛盾，如何协调开发西部新城与维护群众利益的关系，如何对待今天的“金山银山”和明天的“绿水青山”的纠结，都检验着许步忠同志的担当能力。面对多重复杂局面，甚至多出普通乡镇2—3倍的工作量，他勇挑最重的担子、敢啃最硬的骨头，从不退缩逃避，同步推进“软弱涣散”村级班子整治、1100余家板材企业转型、6个片区征收拆迁、16条“网

2018年5月31日，许步忠陪同临沂市委组织部部长姜仕礼检查丈埠屯拆迁清障工作。

化工程”道路建设。有的同志出于好意，劝他要“悠着点”干，他回答说：“事业不等人啊！”对基层工作的风险和责任，他主动承担，多次讲到“出了事我负责”“我当班长就该冲在前头”，在直面矛盾中创新举措和办法，先后凝结形成了“一村有任务，众村来支援，党委有号召，全镇齐发动”的义堂拆迁经验和“团结务实、任劳任怨、坚韧不拔、干事创业”的西城作风。

心系群众，忘我工作

心系群众不忘本，才有忘我工作的持续动力和热情。许步忠坚持把群众呼声作为干事创业的第一信号，把群众满意作为工作的根本目标，真正把事情办到群众心坎里。为了群众顺利搬迁上楼，他夜不成寐研究分配方案，带领工作组跑遍全镇村（社区）；为了方便群众反映诉求，他带头“开门办公”，进门一杯水，一个一个接待。有些企业负责人感慨：“义堂这班人是干真事的人！”2017年以来，义堂镇累计投资1.45亿元完成6所学校改扩建，改善了办学条件，破解了“大班额”问题；投资1.4亿元建成道路20条，拉开了“六纵六横”城市路网框架，方便了群众生产生活；通过远抓公墓、近抓减负，投入1000余万元推进移风易俗，提升了群众文明程度。

重民意、惠民生、顺民心的一系列举措赢得了群众的信任和拥护，许步忠不幸病逝的噩耗传来，许多群众都感到“浑身一下子就没有劲了”“好像塌了天”。他干工作异常“拼命”，始终冲在第一线，办公室里的灯亮到晚上十一二点是常事，拆迁期间调度会一结束就在会议室里睡着了。一些基层干部在他去世后沉重感慨：“他就是太累了！”

2018年4月18日，太和庄片区拆迁工作中，许步忠在临时搭建的帐篷中与工作人员一同研讨拆迁工作情况。

因为工作忙，许步忠陪伴家人的时间比较少，突发不适进手术室前仍不忘给镇长交代工作、向区委请假，却没来得及交代妻子一句话。

忠厚朴实，一身正气

作为一名出生在农村、成长在基层的乡镇干部，许步忠既传承了忠厚淳朴的家风，又深受党的光荣传统和沂蒙精神的熏陶滋养，形成了低调朴实、勤勉无私、任劳任怨的品格。不论是他提出的“四线工作法”，还是倡导的“有真事、干成事、不出事”团队建设要求，都很接地气、实实在在，体现了他不慕浮华、不图虚名、不务虚功的一贯作风。

他深知基层干部的各种“不易”，始终站在大家的角度上思考问题、谋划工作，带头倡导“快乐工作法”，竭尽所能地营造团结紧张、严肃活泼、舒适舒心的环境氛围。“亲情友情，皆在心中”，他牢记父亲的叮嘱“在外忙就是啦，干好你的工作”，始终坚信“干干净净做事，不让老的担心，就是最大的孝顺”；为了工作，2018年国庆节，他把妻子带到义堂镇“旅游”，“检查”征收拆迁成果；“有时候，同学远道而来，大家会通知他，哪怕再忙，也会露面，即使是短短的十分钟，或者是一顿饭的时间”。

他严于律己，却宽以待人；工作严谨，却处事随和，没有一点“架子”。他从不计较个人名利得失，不向组织提任何要求，年近七旬的父亲仍在老家做环卫工，母亲在板材厂补皮子，即使辖区众多企业有求于他，也从未利用职权为家庭谋取过任何利益，始终保持着一颗公仆之心、平常之心、质朴之心。正如一些企业负责人所说，“私下里，我和许书记都没吃过一顿饭，感觉这个人很正，关心爱护企业，有正能量”“他身上找不出一个‘私’字”。

在43年短暂而灿烂的生命中，许步忠同志以对理想信念的执着坚定、对党的事业的无限忠诚和对人民群众的深厚感情，书写出新时代党员干部奋发有为、干事创业、无私奉献的精彩答卷。他的先进事迹，是对初心使命的有力践行，是对“忠诚干净担当”的生动阐释，也是对沂蒙精神的最好传承，具有鲜明的时代价值和示范作用。

供稿单位：中共临沂市兰山区委宣传部

许振超

男，汉族，山东荣成人，中共党员，现任青岛前湾集装箱码头有限责任公司工程技术部固机高级经理。他“干一行、爱一行、精一行”，练就了“一钩准”“一钩净”“无声响操作”等绝活，带出了一大批具有社会影响的工作品牌。他带领团队“干就干一流，争就争第一”，先后多次刷新集装箱装卸世界纪录，创造了享誉全球的“振超效率”，领衔完成的集装箱轮胎吊“油改电”技术创新项目，引领了世界技术潮流。他连任第十一届、第十二届、第十三届全国人大代表，并当选第十一届、第十二届全国人大常委会委员，被选为全国总工会兼职副主席。他先后获得“中华技能大奖”“全国五一劳动奖章”，并被授予“全国优秀共产党员”荣誉称号。2018年12月18日，他被中共中央、国务院授予“改革先锋”称号。

干就干一流　争就争第一

——记当代产业工人的杰出代表许振超

1974年，许振超进入青岛港工作时，能证明他文化“水准”的就是一张初中毕业证书。在青岛港45年的工作历程中，他经历了从装卸工、门机司机到技术工人、技术专家、大国工匠的转变。他用爱岗敬业、无私奉献的主人翁精神，艰苦奋斗、努力开拓的拼搏精神，与时俱进、争创一流的创新精神，团结协作、互相关爱的团队精神，干一行、爱一行、精一行，在平凡的岗位上作出了不平凡的业绩，从一名普通码头工人成长为“学习型、知识型、创新型”的当代产业工人的杰出代表。从2008年起连任第十一届、第十二届、第十三届全国人大代表，并当选第十一届、第十二届全国人大常委会委员。2013年10月当选全国总工会兼职副主席。2018年12月18日，许振超作为践行“工匠精神”的优秀代表，被中共中央、国务院授予“改革先锋”称号。

自学成才，破解洋密码

1950年，许振超出生于山东省荣成市一个贫穷的工人家庭。他从18岁参加工作至今，50多年的生涯，一直保持着一颗敏锐进取的心，始终保持与时代同步，与时代共进。

1974年，许振超来到青岛港，成为一名普通的码头工人。在青年时代的许振超心中，码头工人是个威风的职业，可来到港口后他发现，这里根本没有大吊车，迎接他的是最苦、最脏、最累的活儿。港口装卸作业方式很落后，体力劳动繁重、工作环境艰苦。那时许振超一边工作，一边思考：难道码头工人就不能摆脱这种出大力、流大汗的命运吗？也许，正是因为他经历了最艰难的岁月，才更加渴望港口的发展、渴望码头工人地位的提升。

慢慢地，青岛港进口了一些现代化机械设备。但由于工人们不了解使用和维护的技术，设备经常出故障，有的用了不到一年就损坏了，还有的酿成了事故。“缺少知识误人误事，唯有知识才能改变命运。”这一信条很快占据了许振超的头脑。此后，许振超身上不离笔记本和英汉小词典，他刻苦自学桥吊核心电路相关的知识，其中不少资料还是费解的英文。

随着改革开放的推进，对外贸易快速发展，港口也迎来了大发展。1984年，青岛港开始筹建专业集装箱公司。当时34岁的许振超因为肯钻研、技术好，被选为青岛港第一批集装箱桥吊司机。但就在大家劲头十足的时候，唯一的这台桥吊出现故障停机了。因为核心技术掌握在国外厂家手里，企业只得高薪聘请外方专家来修理。许振超心中对

许振超与工友在现场交流

高傲的外国专家多有不满，他知道技术难题的答案都在桥吊控制板上。每天下班，他都会带上备用控制板，回家后对着台灯仔细观察，一笔一笔绘制电路图。前前后后用了4年时间，一共倒推了12块模板，许振超完成了整整两大摞完整详尽的电路图。凭着这股劲儿，他逐步掌握了各类桥吊技术参数和设备性能，不仅能排除一般的机械故障，还能修复精密部件。许振超经常说："人可以不进大学，但不能不学习。"他多年来一直坚持自学，与机械、电气有关的书籍、报刊、工具书等摆满了家里的书橱，光高校教材就有50多本。他读过的各类书籍有2000多册，写了近80万字的读书笔记。功夫不负有心人，凭着"悟性在脚下，路由自己找"的韧劲，许振超学出了名堂，由一名普通工人成长为名副其实的世界一流桥吊专家。

勇于攻关，勇创世界纪录

许振超说，“干就干一流，争就争第一”“咱当不了科学家，但可以做个能工巧匠，练一身绝活，同样无愧于时代”。桥吊队是青岛港最早的一支绝活团队，有了绝活才敢于向世界纪录叫板。

1987年，青岛港装卸效率仅为每小时30多个集装箱，而许振超却创出了2小时卸载120个集装箱的纪录，但他并没有满足。1992年10月，许振超当上了桥吊队队长，他迅速带出了一支技术精、作风硬、效率高的优秀团队。面对港口生产中的难题，他们积极发扬“工匠精神”，勇于创新，敢于开拓，带领团队积极开展科技攻关，持续破解安全生产难题，填补国际技术空白，为国家节约了巨额成本。

那时许振超有两个梦想：一是有生之年能看到集装箱年吞吐量达到100万标准箱，二是在全世界港口行业中把集装箱装卸速度干到第一。第一个梦想只用了不到10年，在1996年就实现了。为了实现第二个梦想，他开始自学，苦练技术，逐渐成长为一名学习型、创新型、充分掌握现代技能的新时期优秀产业工人。

2003年4月27日夜，青岛港新码头灯火通明，许振超和他的团队在“地中海阿莱西亚”轮上开始了向世界装卸纪录的冲刺。320米长的巨轮边，8台桥吊一字排开，几乎同时，船上8个集装箱被桥吊轻轻抓起放上拖车，大型拖车载着集装箱在码头上穿梭奔跑。4月28日凌晨2时47分，经过6小时27分钟的艰苦奋战，全船3400个集装箱全部装卸完毕，创出了每小时单机效率70.3自然箱和单船效率339自然箱的世界纪录。此后5年，许振超带领桥吊队，又先后7次打破集装箱装卸世界纪录，使“振超效率”成为港航界的一块“金字招牌”，也成为中国港口领先世界的生动例证。

许振超和他的团队管理的是资产高达几十亿元的集装箱设备，练绝活之余，还在岗位上勇于创新。在他的带领下，他们积极探索科技创新节支降耗新领域。从2006年起，他带领团队向轮胎吊“油改电”这一世界难题发起了冲击。为此，许振超和他的团队翻阅了大量技术资料，甚至参考了城市有轨电车的供电技术，历经400多天的艰苦攻关，最终破解了集装箱场桥“油改电”这一世界性难题，填补了集装箱场桥驱动技术的国际空白，使得年节约生产成本2000万元，实现了大气污染零排放，在社会上引起强烈反响。国内其他港口以及新加坡、澳大利亚、英国等国家的码头纷纷效仿。

练就绝活，成就金牌工人

在“许振超大师陈列室”里，三件法宝格外引人注目：一台在今天看起来又大又重的笔记本电脑，一本记满了电路图的笔记本，一本汉英字典。他就是凭借这三件法宝，靠着工匠精神，凭着一股钻劲儿，以“干就干一流，争就争第一”的精神，硬是练就了“无声响操作”“一钩准”“一钩净”等绝活。

“无声响操作”，就是偌大的集装箱放入铁做的船上或车中，做到铁碰铁不出响声，可以最大限度地降低集装箱、船舶的磨损，尤其是降低桥吊吊具的故障率，提高工作效率。

“一钩准”是许振超20世纪70年代初开门机时的创造。集装箱上有4个锁孔，从几十米高的桥吊上看下去，很难分辨，更别说用在空

许振超工作照

中摆荡的吊具放下去，一次把锁眼都对齐，把集装箱抓牢靠了。但是，许振超和他的队友们就是做到了。许振超练成“一钩准”的诀窍是，钩头起吊平稳，钢丝绳走“一条线”。他的大徒弟赵显新操作起来，轻松自如，一钩一个准。他笑着说：“我练了1年才练出来的。”

“一钩净”是许振超的又一项发明。在青岛港开吊车的司机，都知道一个“四稳”的口诀，就是在舱内起钩要稳、转时要稳、落钩时要稳、变幅时要稳。但要协调做到这4个方面很不容易。特别是落钩，操作不好就会造成货物撒漏。如何能做到不让货物撒出来？许振超开始练习，练了半年后，做到了吊具一钩下去，一点不撒，他把这种技术起名为“一钩净”。抓粮食时，吊具一抓斗重10吨。要准确地把抓起来的10吨粮食装入长12.5米、宽2.7米的车厢，很不容易。因为吊车的抓斗伸张开有3.4米，比车厢要宽。许振超就反复练习，琢磨抓斗的嘴张多大正合适，终于找出了恰当尺寸。铁路运粮食时，对装车的标准要求很严格，粮食要在车厢内打个尖，高出车厢80厘米，码头工人叫起“龙骨”。打这个“龙骨”很难，坡度要合适，坡面要平滑，盖上篷布后，才能不存雨水。许振超用他的“一钩净”，把这些问题给解决了。

许振超发明的“二次停钩”如今已经被桥吊司机们广泛应用。他经过统计发现，桥吊作业中最容易出安全问题的环节就是箱子一起一落的时候。为避免发生类似问题，他要求桥吊队每名司机在吊箱时都要做一次“二次停钩”，就是箱子刚离地和快落地的一刹那，放慢速度，先观察后起落，这样做虽然使每次操作时间多了几秒钟，但杜绝了事故隐患，最终提高了生产效率。

许振超的另一个“绝活”叫“无故障运行”。结合青岛港口的实际，许振超提出了一个核心班轮保班作业“一二三”的工作法。“一”就是“一个目标”——桥吊呈现无故障运行；“二”就是“两个制度”——凡是保班作业，一要技术主管昼夜值班制，二要出现突发故障15分钟排除制度；三就是“三个事先”——对桥吊，保班作业前要技术主管事先检修一遍，事先掌握船舶技术资料、作业箱量，事先动员。功夫不负有心人，他们实现了保班作业无故障运行的目标。之后，他们又在全国沿海港口率先实现了“核心班轮保班全部100%”的目标。

培育人才，打造工匠精神

除了自身练就的绝活，许振超还特别重视团队技能人才的培养，“人人练技术、人人有绝活”是他对团队每个人定下的工作规矩。由此，先后带出了“王啸飞燕”“显新穿针”“刘洋神绳”等一大批具有社会影响的工人品牌。

人力资源和社会保障部批准设立“许振超技能大师工作室”之后，

许振超对打造工匠精神更加关注，他带领团队围绕码头安全生产需求，开展科技攻关，推进互联网战略，持续破解安全生产难题。他带领团队完成了“集装箱岸边智能操作系统”，在世界集装箱码头率先实现“桥板头无人”，该项目为集装箱码头行业首创，解决了集装箱桥板头作业人机交叉的风险问题。他带领团队打造的“48小时泊位预报、24小时确报”服务品牌，每年为船公司节约燃油1.26万吨，成为青岛港的又一金字招牌。“港口在发展，社会在进步，人们的价值观念也在不断变化，但我始终坚信‘劳动光荣，工人伟大’，伟大之处就在于我们工人一直在创造性地劳动，所以几十年来我们从不吝啬自己的力气。在我们心里，只有国家富强了，工人才有作为有尊严，港口发展了，码头工人才能有体面的地位。”这就是许振超的心声。

2004年，许振超当选当代产业工人的杰出代表，受到党和国家领导人的亲切接见。2008年5月8日，习近平亲临青岛港视察，在看望许振超和他率领的桥吊队的工人师傅们时，语重心长地说：“振超同志很了不起，在平凡的岗位上干出不平凡的业绩，所创造的无声响操作的‘绝活’为国争了光，为工人阶级争了光，这种精神非常值得大家学习。我们应该在社会上弘扬尊重劳动、崇尚创造的精神。建设创新型国家，各项事业的创新、各个领域的创新都需要弘扬这种精神。希望能够涌现出更多的许振超式的先进工人。”时任国务院总理温家宝还两次给许振超亲笔回信。

时至今日，“振超效率”仍名扬四海、享誉全球，是青岛港的一面金字招牌。青岛港的桥吊已经更新换代到第九代，在全球最先进的全自动化码头，9名远程操控员就能承担传统码头60多人的工作。如今的许振超，仍经常在青岛港为他设立的“许振超技能大师工作室”里，和新一代码头工人，围绕自动化集装箱码头技术，开展以高效服务为目标的创新。“我们不要‘差不多’！要干就尽力追求完美，争取世界领先！”他说。

供稿单位：青岛港集团

孙建博

男，汉族，山东昌乐人，1959年10月出生，中共党员，现任淄博市自然资源局调研员、原山林场党委书记。他自1996年担任原山林场场长以来，团结带领林场职工始终对党忠诚、无私奉献，艰苦创业、锐意改革，身残志坚、自强不息，使原山林场发展成为拥有固定资产10亿元，年收入过亿元，集生态林业、森林旅游、文化产业等多产业并举的新型林场，实现了绿水青山与金山银山的完美统一。先后荣获“全国优秀党务工作者”“全国自强模范”“全国林业英雄”等荣誉称号，并获得“全国五一劳动奖章”。2018年，孙建博和原山林场被树为全国改革样板，入选“山东省庆祝改革开放40周年感动山东人物和最具影响力事件”。2019年3月，中共山东省委宣传部授予孙建博同志“齐鲁时代楷模”称号。

生命呵护绿色　信念铸就人生

——记“全国林业英雄”孙建博

孙建博，男，汉族，山东昌乐人，1959年10月出生，中共党员，研究生学历，高级工程师，现任山东省淄博市自然资源局调研员、原山林场党委书记，第十二届、第十三届全国人大代表。

孙建博同志幼年因病致残，然而腿脚的不便并不妨碍他在思想领域跋涉的高度、在实践上推进的深度。孙建博1981年参加工作，1986年调入原山林场，1996年被任命为淄博市原山林场场长，2005年担任原山林场党委书记。上任场长之初，整个林场负债4009万元，职工13个月没发工资。凭着“千难万难，相信党依靠党就不难”的执着信念，孙建博同志团结带领原山林场千名职工大胆改革，艰苦奋斗，勇于开拓，一举甩掉了“要饭林场”的帽子，使原山林场发展成森林覆盖率达到94.4%，活立木蓄积量19.7万立方米，集生态林业、森林旅游、文化产业等多产业并举的新型林场，在全国率先走出了一条保护和培育森林资源、实施林业产业化发展的新路，实现了从荒山秃岭到绿水

不管工作多忙，孙建博每天都要坚持到林区里转转。

青山再到金山银山的美丽嬗变，成为全国林业系统的一面旗帜和国有林场改革发展的典范。为推动我国国有林场的改革发展提供了鲜活、有说服力、有学习借鉴价值的现实样本，为进一步破解我国国有林场发展困局，实现山绿、场活、人富、林强提供了宝贵的经验。

孙建博同志先后荣获“全国优秀党务工作者”“全国自强模范”“全国林业英雄”“国土绿化突出贡献人物”“全国林业系统先进工作者”“山东省百位英模人物”“齐鲁时代楷模”等荣誉称号，并获得“全国五一劳动奖章”“全国道德模范提名奖”“中国十大国有林场管理奖”。2018年12月，“原山林场被树为全国改革样板”被山东省委宣传部、山东省改革办等授予“山东省庆祝改革开放40周年最具影响力事件”，孙建博同志被授予“山东省庆祝改革开放40周年感动山东人物”称号。2011年1月，孙建博同志被中宣部确定为全国重大典型“时代先锋”，新华社、《人民日报》、中央电视台、中央人民广播电台等主要媒体对其先进事迹进行重点报道，在社会上引起强烈反响。2017年8月14日，山东省委书记、省人大常委会主任刘家义同志到原山调研，强调原山林场的改革发展正是对习近平总书记“两山论”的生动诠释。原山发展到今天，就是靠原山人，特别是孙建博同志坚定的理想信念、坚强的决心、顽强的意志。2018年12月6日，山东省委副书记、省长龚正以普通党员的身份，到原山艰苦创业教育基地参加所在党支部主题党日活动，与党员一起进行党性教育学习，并视察了原山生态林建设，对原山林场注重发挥党组织核心作用、继承和发扬艰苦创业精神、努力践行“两山论”理念、不断深化改革创新的做法给予充分肯定。他说，孙建博同志被国家林业和草原局授予全国第三位“林业英雄”，这份荣誉不光是对原山林场改革发展成果的肯定，也是对山东省改革发展工作的肯定，要更好地做好引领和示范辐射作用。

对党忠诚，勇于担当，
打造“两山论”成功样板

对党忠诚是加强政治意识、大局意识、核心意识和看齐意识的前提，勇于担当是立党为公、执政为民、爱岗敬业、做好工作的前提。原山林场一度负债4009万元、职工13个月发不出工资，面对发展中的各种实际困难和突出矛盾，孙建博同林场党委一班人始终坚信：千难万难，相信党依靠党就不难。作为一名共产党员，对党最好的报答就是让职工过上更好的日子，让社会更加和谐、稳定。原山林场要想走出困境、获得发展，关键在党，全场191名党员人人都应当是旗帜和

标杆。孙建博在全场职工大会上发誓：“我孙建博从今以后豁上这条命和大家伙一块干，为了咱原山人过上好日子，就是累死在工作岗位上我也心甘情愿！”

孙建博同志上任的第一天就到市里去接访。当时，他租了两辆大客车赶到张店，园艺场的100多名职工已经在市里待了一夜，孙建博让人买来了两笸箩热气腾腾的大包子，招呼大家先上车吃饭，让大家一边吃饭一边反映自己的诉求，最终带着大伙儿回到了园艺场。临近年关，身为一场之长，孙建博考虑的头等大事就是如何帮助职工度过年关。他硬着头皮到博山区粮食局，找到当年在民政局时的一位老同事，以个人的名义，赊了200多桶花生油、200多袋面粉，带着场领导起早贪黑为职工分发粮油。对年龄大行走不便的老同志，孙建博就与同志们挨家挨户地送过去。漫天大雪盖住了地面，本就崎岖不平的山路变得更加难走，可他硬是坚持把关怀送到每一位职工的家中，使全场职工带着林场的“关怀”度过了1997年的春节。

职工刚刚安抚好，可是更大的麻烦接踵而至。当时，园艺场下属的一家刀具厂欠十几万元外债，一直还不上，临近年底，债主领着上百人到刀具厂，准备拆机器抵债。虽然厂里经营遇到困难，但是职工都想千方百计保住机器，为此双方发生了冲突，现场火药味十足。孙建博听说后急忙赶到现场，诚恳地对债主说：“我孙建博用我的党性和人格作担保，一年之内，保证把你们的所有债务全部还清。再说，我一个一条腿的人能跑到哪儿去？”债主说：“共产党的干部可要说话算数！”孙建博说：“算数。除非我不是共产党的干部。”当时在场的40多名刀具厂的职工都哭了，老职工吕华来流着泪使劲攥着孙建博的手

孙建博参加绿化劳动

说："孙场长啊，你保下了机器，就是保住了我们的命根子呀！"

矛盾暂时得到解决，如何使林场走出困境获得更大发展，又成了孙建博考虑的头等大事。几个月的时间里，他拖着一条病腿走遍了林区的山山岭岭，摸底调查了林场生态资源和企业发展状况，提出解放思想、更新观念、依托林场办林场的发展思路，在保护的前提下发挥森林资源优势，大力发展旅游业。他亲自北上南下请来高水平的旅游设计专家和策划公司进行规划、设计。没有资金，孙建博和林场班子便带领职工亲自干，大伙儿在工地上搬石头、和水泥、砌石堰。就这样，依靠自身力量建成的山东省第一家森林乐园，终于在1999年6月1日开业了，一时间全省的游客纷至沓来。不久，全国假日旅游政策出台，第一个"十一"旅游黄金周到来。孙建博紧扣"森林生态"这个主题，又相继建成了山东省第一家鸟语林、第一家民俗风情园、第一家山体滑草场……原山一举成为国家AAAA级旅游景区、国家级重点风景名胜区、全国森林文化教育基地、全国青少年活动营地、全国首批“最美森林氧吧”、山东省生态文化创作基地等，每年接待游客近百万人次。2016年，原山国家森林公园创建AAAAA级旅游区提升规划通过专家评审。

孙建博同志在全场党员中实行“五星级管理”，群众评星，荣誉定星，违规摘星，使干部群众学有榜样，赶有目标，争有标杆。全场上下形成了“有困难找支部，怎么干看党员”的干事创业氛围。通过发挥党支部的战斗堡垒作用和党员先锋模范作用，凝聚起原山人干事创业的强大动力。不仅使原山逐渐走出困境，而且按照组织的要求，先后接管、代管了淄博市园艺场、淄博市实验苗圃、淄博市林业培训中心、淄博颜山宾馆等4家困难事业单位，使下岗职工得到妥善安置。5家事业单位和1家企业形成了今天的幸福原山“一家人”。

生态优先，科学管理，
有效保护和培育森林资源

“森林是我们的立场之本，也是我们的发展之本，保护好这片生态林是我们对全市人民的保证。”孙建博同志坚持把生态保护作为立场之本，狠抓植树造林、抚育管理、护林防火和森林病虫害防治等工作，积极保护和发展森林资源，林场的生态效益得到有效释放。

孙建博同志十分重视生态建设。孙建博上任后创新造林机制，创造性地提出了“三三一”工作制，场部机关人员三天办公、三天支援

孙建博向前来参观的党员讲述原山如何践行“绿水青山就是金山银山”的重要思想

一线建设、一天休息，星期天或节假日全部在一线植树绿化、支援生产。孙建博同志十分重视森林防火工作。通过大力发展林业产业，采取集团购买林场服务的办法，以林养林，以副养林，每年在人员、物资、道路等防火基础建设方面投入1000万元。他上任之初，林场周边坟头众多，每年都要发生几十起森林火警、火灾。为了更好地保护生态资源，原山在全省成立了第一支专业防火队，投资200多万元，建成防火物资储备库，新建了8处瞭望台，配备了风力灭火机、对讲机，建成了山东省第一支防火专用摩托车队。建起护林防火微波图像监控通信指挥系统，对林区的森林防火和林区治安进行动态监控，实现了森林防火报警系统的现代化。为有效地控制火源，消除了林区内因上坟烧纸造成的火灾隐患，1996年，原山林场筹建了“长青林”公墓，为山里所有的坟地都预留了公墓中最好的位置。但即使这样，迁坟也是说起来容易，做起来难。因为按照风俗谁都不会愿意动自己的“祖宗根基”，更何况在山区农村，这种思想更是严重。当时有一户孙氏家族，四个兄弟在本地是有名的“天不怕、地不怕”，无论工作组怎么做工作，他们就是不同意迁坟。一天，孙建博到山上去巡察，喝了酒的四兄弟拦住他的车，拍着车窗大喊大叫：“你敢动我家的祖坟，我就砸断你的另一条腿，要你的命！”当时，孙建博冷静地对司机说：“你看他们当中谁喝得少，比较清醒，叫他上车，我和他拉拉。”老二、老三气势汹汹地上车后，孙建博耐心地跟他们解释：“我家的祖坟也要迁，你们的心情我非常理解，但是，咱们眼前的这片林子，是整个地区的希望，你们为原山做出牺牲，到迁坟时我和你们家人一块去祭祖。”老二、老三听孙建博这样说，暂时平静下来，带着老大、老四走了。但他们都认为孙建博只是说说而已。可到了迁坟那天，孙建博真的撇下手头的工作，一早就赶到了坟地，拄着拐和四兄弟一块迁坟。安置好后，孙建博还亲自向四兄弟老人的墓碑叩拜。看到这一切，那天闹得最凶的老大深受感动，拍着孙建博的肩膀说：“建博兄弟，我服你了！”

孙建博到林区一线检查森林防火

2015年，原山林场在全国率先提出了大区域防火理念，连续3年为周边67个村配备了2000台（套）防火物资，帮助他们培训防火队伍。对大区域内的所有火警做到“早发现、早报警、早处置”，原山林区内连续23年没有森林火灾。这一做法得到国家林业局的肯定，全国大区域防火试点、国家森林防火指挥部专家组会议相继在原山举行。

通过孙建博同志多年的努力，原山林场森林资源规模不断壮大。林地面积由1996年的40588亩增加到2016年的44026亩，20年净增3438亩。活立木蓄积量净增116760立方米，达到197743立方米。森林覆盖率由1996年的82.39%，增加到94.4%。由博山区人民政府交给原山管理的1万亩荒山已经变成了环境优美、生态优良的绿色资源宝库，相当于又造了一个新原山。

依法履职，担当作为，倾心为民诠释不忘初心

作为一名全国人大代表，孙建博不满足于当好原山林场的家，他要为全国广大的林场职工做好“代言人”。由于在基层国有林场工作了33年，他深知国有林场的改革已经到了非改不可的地步，不改生态就不能得到有效保护，不改国有林场就不能实现同步小康，这是全国国有林场职工近30年的期盼。7年来，尽管孙建博身患残疾，但他依然坚持带着轮椅到吉林、黑龙江、山西、广西、广东、海南等十几个省、自治区进行国有林场调研，深入40家国有林场进行考察，就国有林场改革、生态资源保护和林业人同步奔小康等热点问题进行深入探讨，形成了数万字的调研报告。

7年来，孙建博共向全国人大提交了《关于扩大国有林场森林补贴范围提高国有公益林补偿标准的建议》《关于科学有序推进国有林场改革的建议》等国有林场改革的建议、议案近100项。许多建议和

议案，得到全国人大和有关部委的高度重视，并给予了认真的答复。孙建博以全国人大代表的身份多次应邀参加国有林场改革方案修订座谈会。国务院政策研究室先后两次向他特别约稿，征求国有林场改革的具体意见。2015年2月8日，国务院正式下发了《关于印发〈国有林场改革方案〉和〈国有林区改革指导意见〉的通知》。可以说，这是孙建博自当选全国人大代表以来最幸福的一天。因为方案中很多具体的做法都借鉴了原山的经验以及孙建博在调研中提交的问题、意见和建议。

2018年1月9日，人力资源和社会保障部、全国绿化委员会、国家林业局联合发文（人社部发〔2018〕6号），授予孙建博“林业英雄”称号，对他“实现了绿水青山与金山银山的完美统一，成为全国林业系统的一面旗帜和国有林场改革发展的典范”的先进事迹给予充分肯定。在孙建博看来，“英雄”都是伴随着时代发展出现的。老一辈的偶像中，退休不退责的杨善洲、治沙绿化兰考的焦裕禄、创造采伐技术的马永顺……他们献身生态事业的红色基因一脉相承。孙建博认为，在新的历史时期，林业人的使命，就是要传承好红色基因，践行好习近平总书记“绿水青山就是金山银山”这一伟大论断。

这些年随着孙建博的知名度和影响力不断提升，曾有一位旅游公司老板用年薪100万元的诱惑想挖走他，他本人也多次有过到省直部门任职的机会，但都被他婉言谢绝了。“我愿变成原山上一棵松柏，我要把自己的一切都奉献给原山。”

供稿单位：原山林场

1970—2016 **苏庆亮**

男，汉族，1970年出生，中共党员，生前任泰安市岱岳区扶贫办公室副主任。在担任大陡山村党支部书记的21年中，苏庆亮同志带领全村党员群众治水修路、绿化荒山，发展苗圃、茶园、生态旅游等产业，创新党建工作，完善基础设施，改善村风民风，走出了一条由穷到富、由乱到治的富民强村之路。在担任天平街道办事处副主任、岱岳区扶贫办公室副主任期间，苏庆亮同志埋头苦干、任劳任怨，倾心尽力服务基层发展和民生，为建设新农村、发展现代农业和推进精准扶贫、精准脱贫做了大量艰苦细致、扎实有效的工作。2016年7月24日，苏庆亮因病去世，年仅46岁。他先后荣获“全国绿化奖章”“山东省绿化奖章”“山东省青年五四奖章”，被授予“山东省劳动模范”“齐鲁时代楷模”“全国劳动模范”等荣誉称号，被评为“山东省农村青年创业致富带头人”“山东省优秀共产党员”“全国农村青年创业致富带头人”“全国科普惠农兴村带头人”“全国孝亲敬老之星”。

用青春和生命铸就时代丰碑

——记泰安市岱岳区扶贫办公室原副主任、大陡山村原党支部书记苏庆亮

三下基层，扎根桑梓

1991年4月，刚满21岁风华正茂的苏庆亮跳出农门，到天平乡机关任职。正当苏庆亮踌躇满志准备在机关展示青春才干的时候，党委领导找到他，动员他返回大陡山村担任党支部书记。那时的大陡山村，是当地出了名的穷村、乱村，三年换了两任党支部书记，都没有摘掉“穷乱差”的帽子。乍听到党组织让他离开机关回村任职，苏庆亮心里有些犹豫，但一想到家乡的父老乡亲还过得那么穷，一种天然的责任感涌上心头，他坚定地听从党组织安排，挑起了带领大陡山村“脱贫突围”的担子。

2009年，全省统一组织面向优秀村干部招考乡镇公务员，苏庆亮以优异成绩被录取。接到报到通知，他心里却纠结起来。当时，正值大陡山村集体发展爬坡追赶的关键时期，很多发展项目刚刚起步，这

2016年5月，苏庆亮为全区扶贫系统干部作辅导。

让他去留两难。村民听到消息后极力挽留，甚至推选了十几名代表到办事处“请愿”。“苏书记刚带我们过上了好日子，说什么也要把我们的当家人留下来！”看到群众对自己这么信任，一名共产党员应有的担当促使他主动向区里、街道提出申请，继续留在村里带领群众脱贫致富。

2011年11月乡镇换届时，苏庆亮因工作成绩突出再次被选拔为天平街道办事处副主任。面对又一次返回机关工作的机会，他心里依然放不下大陡山村，再一次向组织提出了留村任职的申请。

竭力治贫，青山无悔

“我就是搭上一条命，也要让穷村富起来！”到村任职那天，苏庆亮在村民大会上当着全村326户父老乡亲的面，立下了铮铮誓言。刚上任那会儿，苏庆亮一头扎进村里，不是找村干部座谈，就是找老党员谈心，更多的是到村民家里问计。有时遇到难题疙瘩解不开，他夜里翻来覆去睡不着，常常连夜找来村里的老干部商量办法，恨不得3天就让大陡山变个样子。

为了找到好的发展路子，苏庆亮晚上绞尽脑汁想出路，白天放开双腿跑门路。他先后尝试了作物套种、农机租赁等办法，都失败了。面对挫折，苏庆亮并没有消沉，他更加坚定了带领村民致富奔小康的决心。他带着党员和群众代表到莱芜、河南、浙江等地参观学习，经过集思广益、反复论证，确定了大陡山“集体运作、靠山吃山、做大绿色产业”的发展路子。

“认准了的事就要敢想敢干。”2001年，苏庆亮看准了苗圃产业的发展前景，但在召开群众代表会商议建设集体苗圃时，多数群众不支持。他当场承诺：“我们13个党员干部每人集资1万元，先发展10亩，赔了我个人承担，挣了归集体！”让大家没想到的是，这10亩苗圃当年就为村集体盈利5万元，群众心服口服。为继续做大绿色产业，苏庆亮先后十几次到南方学习考察茶叶种植，掌握了全套“南茶北种”技术，带领群众种植有机茶园600多亩，逐步打响“泰山极顶茶”品牌。“苏书记就是个‘拼命三郎’！”村民苏乾广心疼地说。在苗圃和茶园建设初期，为了看护好苗木，苏庆亮每天晚上带着铺盖，睡在野外用玉米秸搭成的窝棚里，一守就是两个月。

小康路上决不让一名群众掉队。村民孟兆杰原来家庭生活困难，苏庆亮同志主动与其结成对子进行帮扶。先是帮孟兆杰引种了杏树、大樱桃，又帮他建成集观光、采摘于一体的家庭农场。现在，孟兆杰

2016年4月，苏庆亮在大陆山村给村民讲解扶贫政策。

家年收入15万元以上，成为村里的富裕户。

经过20多年的艰苦创业，到2015年底，大陆山村集体固定资产超过1亿元，集体经营性收入突破500万元，村民人均可支配收入1.4万元。大陆山村建起了高标准的医院、学校、文化广场和公园，村里的老百姓老有所养、病有所医、学有所教、住有所居，昔日的“荒陆山”“穷陆山”变成了今天的“绿陆山”“金陆山”，大陆山村先后被评为“全国文明村”“全国绿色小康村”。

两袖清风，无私奉献

在村任职21年，苏庆亮从来没收过群众的一瓶酒、一支烟，有时帮群众办了事，人家给他送箱酒、拿条烟，放下就走，可每次他都坚决不收，再让家人原封不动地送回去。以前，苏庆亮喜欢喝茶，对茶很有研究，但自从村里有了茶园，他就戒了茶。有人问他，他解释说："其实我也不是不想喝，主要是怕别人说自己沾集体的光，影响村干部形象。"

走进苏庆亮家里，简陋狭窄的平房里，除了结婚时置办的简易家具，就是墙壁上贴满的各类奖状，再就是那一摞摞的工作日记。在他家，14岁正上初中的儿子住的是一间不到10平方米的小厢房，已上大学的女儿回家没地方住，只能在外屋打地铺。村里的村民都住上了楼房，苏庆亮一家三代六口人却挤在狭窄的平房里一住就是几十年。对此，好多人不理解，生前为大陆山村创造上亿元财富的他，竟然过得如此寒酸。据说，苏庆亮从孩子将来发展的角度也曾考虑过买房，可攒了这么多年仅攒了10多万元，远不够首付，便没买。"他为村里留下上亿元资产，自己家却成了贫困户。"苏庆亮的突然离世，让很多村民扼腕叹息。

心系扶贫，无怨无悔

2016年3月，岱岳区区委为了更好地推进扶贫工作，把大陆山村脱贫致富的经验推广到全区，任命苏庆亮担任区扶贫办公室副主任。上午区委宣布了任命，下午他就马上进入工作状态。"我和老百姓感情深，愿意干一辈子扶贫。"在与同事的见面会上，他饱含深情地说。

为了绘制扶贫工作地图、掌握第一手资料，苏庆亮每天很早就到办公室，如饥似渴地研究扶贫政策和贫困村、贫困户的脱贫措施，勤勤恳恳奋战在扶贫一线，他的两本笔记本密密麻麻写满了每天干的扶贫工作。

长期超负荷、透支式的工作状态，使他积劳成疾，年纪轻轻就患上了高血压、心脏病、神经性耳聋等疾病。苏庆亮总是随身带着药，实在撑不住了才到医院住上几天，却常常为扶贫的事，拔下针头就走，医生生气地批评他说：“你这是要工作不要命啊！”在他生命的最后一段时间里，仅3个月他就跑遍了全区17个乡镇的82个贫困村，为精准扶贫东奔西跑，殚精竭虑，直至生命最后一刻。

年仅46岁，苏庆亮匆匆走完人生里程，把有限的生命献给了党的扶贫脱贫工作，彰显了一名共产党人对人民群众和党的事业的忠诚、责任与担当。他带领群众脱贫致富的足迹和事迹，将永远印在大陡山上，永远印在全区扶贫干部和老百姓的心里。他用自己年轻的生命，在巍巍泰山脚下树起了一座不朽的丰碑！

供稿单位：中共泰安市岱岳区委宣传部

李登海

男，汉族，1949年出生，山东莱州人，中共党员，现任山东登海种业股份有限公司名誉董事长，国家玉米工程技术研究中心（山东）主任。1972年至今，他致力于提高我国杂交玉米高产能力的高产攻关研究和高产玉米品种选育，重点抓原始创新，不断育成新的种质资源，在我国率先育出了具有亩产突破700公斤到1500公斤高产能力的一系列紧凑型杂交玉米新品种，创造了全国和世界夏玉米高产纪录，高产能力比平展型杂交玉米品种提高了115%，为保障国家粮食安全作出了巨大贡献，被誉为“中国紧凑型杂交玉米之父”。先后获得“亚洲农业研究发展基金奖”“国家科学技术进步一等奖”“中国发明创业奖特等奖”，被授予“中国种业十大功勋人物”“第二届全国道德模范”“全国优秀共产党员”“时代楷模”及全国“双百”人物等称号。

玉米地里走出世界级科学家

——记杰出玉米育种家李登海

李登海，1949年9月出生，莱州人，国家玉米工程技术研究中心（山东）主任，著名杂交玉米育种和栽培专家，中国紧凑型杂交玉米之父，山东登海种业股份有限公司创始人，现任公司名誉董事长。

李登海是全国农业科研领域的一面旗帜，是从我国农村知识青年中成长起来的一名农业科学家。2004年，李登海选育的“掖单13号”玉米品种荣获国家科学技术进步一等奖；2009年，李登海被中宣部作为全国重大典型进行广泛宣传，并入选“100位新中国成立以来感动中国人物”；2011年，被国务院授予“全国粮食生产突出贡献农业科技人员”称号；2014年，获评改革开放以来“中国种业十大功勋人物”；2015年被中宣部授予“时代楷模”称号。还先后被授予“山东省科技兴农功勋科学家”“全国道德模范”“全国优秀共产党员”“全国先进工作者”等荣誉称号。

一直以来，李登海都担任中国农业及农村科学技术专家咨询委员

2008年9月，李登海向大家展示试验田间的玉米长势。

会委员、农业农村部种植业专家顾问组成员、全国农作物品种审定委员会玉米专业委员会委员等多种职务，始终没有脱离农业领域和农村一线，始终在为全国的农业发展贡献力量。

对李登海，国内外同行这样赞叹：作为一名农民科学家，李登海闯出了我国玉米育种的一条新路；在世界玉米育种和高产栽培中，创造了一个属于中华民族的新时代；李登海的创新团队，为保障国家粮食安全打开了一片新天地。

李登海的身上，集中体现着志存高远、胸怀国家的理想主义精神，坚韧不拔、执着追求的奋勇拼搏精神，超越自我、敢为人先的学习创新精神，是社会主义核心价值观在科技界和科学家身上的生动实践。

开创中国玉米高产道路：一个充满梦想的科学家在十二万分之一的成功概率中觅奇迹

莱州，素来被誉为“胶东粮仓”。然而，这里更是一片孕育着科技创新的丰厚土壤。

作为一个只有初中学历的农村青年，李登海在党的教育下，立志开创中国的玉米高产道路，赶超世界先进水平。他40多年不间断地进行玉米高产攻关和玉米科研育种创新，艰苦奋斗，艰苦创业，排除万难，创造了玉米高产纪录，开辟了中国玉米高产的道路，找到了我国选育玉米高产品种的发展方向，选育出紧凑型杂交玉米的高产品种。这些成绩的取得，得益于党的正确领导，更得益于他本人“敢为天下先”的精神。他勇于打破教条，不断克服体制机制障碍，加快推进科技成果转化，把成果做成了产业，提高了科技贡献率，带动了相关产业发展，展现了农业科学家执着追求、矢志报国的本色。

1972年春，烟台市农科所的专家下乡搞科研，带来的一份资料让李登海目瞪口呆：美国农民华莱士创建的先锋种子公司，把春玉米亩产提高到最高1250公斤，后来华莱士还当上了美国副总统！当时，山东玉米亩产仅二三百斤。“美国农民能做到的，中国农民也能做到！”初生牛犊不怕虎，李登海的心里升腾起梦想。

李登海与玉米打交道，主要做两件事：一是培育高产品种，二是进行高产攻关。一个玉米新品种，从最初选育到品种稳定，成功概率只有十二万分之一，有的人苦苦探索一辈子也无法修成正果。李登海从1970年开始从事农业科研工作，从1972年开始进行玉米高产攻关研究，从1973年开始开展杂交玉米的育种工作，从1985年开始进行玉米种子产业化创业的艰苦历程，从1990年开始探索小麦玉米一年两季创高产攻关研究。

47年来，李登海在我国玉米单产只有200公斤左右的基础上，先后进行了156代选育，在全国率先育出了亩产超过700公斤、800公斤、900公斤、1000公斤、1100公斤、1400公斤、1500公斤的高产玉米杂交种，先后七次创造我国夏玉米单产最高纪录，两次创造世界夏玉米单产最

2009年4月，李登海在十二万分之一的机遇中寻觅新的杂交组合。

高纪录，一次创造我国春玉米单产最高纪录。

2005年，山东莱州夏玉米“登海661”高产攻关田1.09亩，亩产1402.86公斤，创造了我国夏玉米一亩以上高产攻关田高产纪录；2013年，新疆奇台春玉米“登海618”高产攻关田1.3亩，亩产1511.74公斤，创造了我国春玉米一亩以上高产攻关田高产纪录，较平展型玉米杂交种的高产能力提高了1倍以上。

目前，李登海已育出具有高配合力的60多个紧凑型玉米骨干自交系，获得152项植物新品种权和8项专利，主持选育的紧凑型玉米杂交种有126个通过国家审定或省级审定。通过审定和获得植物新品种权数量居国内首位，是我国拥有审定品种和植物新品种权最多的农业育种家。

李登海成功了，他的科技报国梦实现了。而今，在世界玉米栽培史上，有档案记载的有两个人：一个是美国先锋种子公司创始人华莱士，世界春玉米高产纪录的保持者；一个就是李登海，世界夏玉米高产纪录的创始者。

2005年，我国启动实施超级玉米育种计划，李登海成为该项目的主持人和领跑者。他在紧凑型玉米育种基础上，转向了超级玉米杂交种的培育。所谓“超级玉米”，目前最通俗的理解是：就产量而言，要比当前主宰对照品种增产20%！这样的高标准，只靠叶片直立与茎秆夹角的改变是难以实现的。李登海从多年育种实践中掌握了另一个提高产量的撒手锏，就是有效降低植株高度，从而进一步提高单位面积的密度。

美国和中国玉米育种界都有人尝试过利用半矮生的br2基因来降低株高、提高密度而增加产量，但都没有成功。李登海降低玉米株高走的是多基因的道路，实践证明这是一条最有效最健康的道路。目前，他已经育成“超试1号”至“超试12号”等10多个超级玉米品种，其中2个通过国家审定，5个通过省级审定。其特点除株型紧凑之外，植株偏矮、穗位低，因而更耐密，又加上高度抗倒抗病，从而具有更大的丰产潜力。中国农业大学教授、博士生导师宋同明认为，这种玉米类型代表了世界现代玉米育种的大趋势和大方向。

创新的旗帜与强国梦紧紧相连：一个奋斗不懈的科学家前半生为国家增产粮食1000亿公斤

有人说：李登海，是一颗金种子，是中国玉米王国的珠穆朗玛峰！

47年前，我国玉米亩产只有二三百斤，如今，李登海创造了亩产1500多公斤的世界纪录，使每亩土地从养活一个人变成养活四五个人。

如果国家每年推广种植1000万亩，相当于新增150万亩耕地。

李登海率先育出紧凑型杂交玉米高产新品种，将大量的科研成果无偿奉献给国家和人民，为解决我国温饱问题和促进玉米栽培育种的科技进步作出了积极贡献。

多年来，李登海凭借着强烈的创新精神、坚忍不拔的意志，坚持自主创新，在紧凑型玉米育种栽培领域取得了辉煌业绩，创造出中国玉米高产的奇迹。他始终以国家粮食安全为己任，致力于创新创业，在高产玉米育种、攻关、推广的道路上躬身前行，刻苦钻研，不断超越，为国家粮食安全作出了巨大贡献，被誉为“中国紧凑型杂交玉米之父”。

在继承我国玉米育种理论的基础上，李登海通过47年的玉米高产攻关研究和实践，提出了“紧凑型+杂种优势”的育种理论，改变了我国育种与栽培研究学科分立的科研状况，将育种与栽培技术研究融为一体。他通过连续不间断高产试验和紧凑型玉米育种工作，进行良种良法配套技术研究，组装了玉米高产综合技术。他提出的“以紧凑型玉米杂交种为核心、以播种为基础、以密度为保障、以肥水调控为重点”的技术路线，丰富了我国玉米高产栽培技术理论。同时，他还在全国率先发现了紧凑型玉米杂交种的高产潜力，实现了紧凑型玉米杂交种较平展型玉米杂交种在种植密度、经济系数、叶面积指数、单株生产力、高产能力方面的5个重大突破。他首先提出的“要开创中国的玉米高产道路，就必须利用紧凑型玉米杂交种”这一重要论断，为我国找到了利用紧凑型杂交种选育玉米高产品种的方向，开创了利用紧凑型玉米杂交种培创玉米高产田的新纪元。

为不断培育适合我国各地种植的新品种，李登海先后在黄淮海夏玉米区、西南山地春玉米区、西北春玉米区、南方丘陵玉米区等不同玉米生态区设立30多个试验站。“国家玉米工程技术研究中心（山东）”在登海种业设立后，每年承担国家和黄淮海区域玉米新品种展示、预备试验、生产试验等项目，成为玉米产业化技术的集散地和辐射源。

在中国，玉米占总耕地面积的五分之一，占粮食总产量的24%。中国又是世界最大的种子消费国，潜在市值400亿元，占世界的12%。种子，被称为“国家粮食安全的命脉”。1996年，美国先锋种子公司表达了与李登海合作的愿望。“《中华人民共和国种子法》明确规定，主要农作物种子企业与国外公司合作，中方必须控股。”李登海对这个规定坚决遵守。经过马拉松式的谈判，先锋公司终于让步。2002年11月，中国第一家中外合资种业公司——山东登海先锋种业公司成立，中方控股51%。后来，当李登海出访美国时，先锋公司第一次升起了五星红旗。那一刻，李登海感慨万千，无比自豪。

李登海不愧为创新的旗帜、创业的典范，其创新、创业既推动了经济社会发展，又为国家粮食安全和社会稳定作出贡献，全国累计有11亿多亩的土地上种过他的种子。“八五”“九五”期间，李登海育出的玉米种种植面积约占全国面积的三分之一，占最高年份种植面积的43.5%，全国种植的5株玉米种有2株是登海育成的。截至2018年，这些品种累计种植面积有13亿多亩，为国家创造直接经济效益1300多亿元。

只有“玉米时间”，没有“北京时间”：一个敬业奉献的共产党员把奋斗视为快乐、把生命融入田野

李登海从农科队起步，靠农校一年进修的老底子搞科研，缺技术、少资金、乏人才，能够取得今天的辉煌成就，登上世界农业科技高峰，不能不说是一个奇迹。

20世纪70年代，李登海的农科队只有一头牛和1.2亩土地，他领着8个人搞高产攻关，为了弄肥料，李登海带人打炕洞、拆破屋、淘粪池，吃遍了农村三大苦。为了抢农时，收小麦、整地块、播玉米，经常白天黑夜连轴转。给玉米杂交、人工授粉，必须在天气最热时进行，李登海的实验室主要在田间，拱了40多年玉米地，每年为玉米套袋20多万个，还要逐个观察、记录、选择、分析，全凭手工操作。“春争日，夏争时。”玉米授粉最紧张的时候，他的作息时间只有“玉米时间”，没有“北京时间”。待在玉米地里一天，李登海经常只吃一顿饭。为赶夏天中午最佳授粉时机，要冒着40℃的高温钻玉米地，一个中午下来，全身一层白花花的盐碱。

为了加快育种速度，1978年10月，李登海带队到海南进行加代育种。从此，去海南种玉米，41个春节在海南度过，他把一年一次育种变成一年3—4次，用辛勤的汗水和丰硕的科研成果诠释了加代育种的真实内涵。

由于常年不知疲倦地工作，过度劳累，李登海患上了高血压、心脏病、痔疮等多种疾病。1991年7月，他突发脑梗，死神差一点要了他的命，当时他连话都不能说。经过医院两个多月的救治，才保住了

2013年5月，李登海在玉米试验田间给科研创新团队做讲解。

性命。出院时医生嘱咐他休息静养，可他为了不中断研究，又马不停蹄地去了海南育种基地。

身家数十亿的李登海，该花的钱从不吝啬、一掷千金，每年的科研经费都足额拨付，2018年科研投入就达5189万元；不该花的钱，“半个铜板也心疼”，是有名的“抠”。与李登海共事30多年的公司董事长毛丽华说，受李登海的影响，大家出差时，也只买火车硬座票或站票。公司有啥基建，职工个个成了泥瓦匠，打地基、砸石头、垒墙盖瓦，全是自己干。

李登海衣着朴素。从打扮上，没人相信他身家数十亿。为了方便下地，他总是随身带着一双胶鞋。“在别人看来，我是所谓的‘亿万富翁’，其实，我也是一个打工者，是一个地地道道在玉米地里给股东们打工的‘长工’。”他说。李登海的妻子张永慧，走在街上与村里的老百姓没啥不同。“登海的衣服都是我买的，一件也就百八十块，最贵的一套西服是他在北京人民大会堂领奖时穿的那身，他在北京自己买的，1700块钱，到现在已穿七八年了。”李登海饮食简单，他最喜欢吃的就是大葱蘸酱、玉米面粥、玉米豆子饭，还有大菜包子。他说自己这辈子是“三无”：无节假日，无星期天，无八小时工作制。每天早上五六点钟，李登海都会去玉米地里看一看，摸一摸，想一想，然后开始一天的工作。忙碌一天后，晚上10点多钟，打着手电再到玉米地里转一圈。对他来说，玉米的拔节声就是最美妙的音乐。

李登海是连续两届的全国人大常委会委员，是全国优秀共产党员，但他常说：“从根上讲，我就是个农民。为了祖国的富强和荣誉，我终生选择玉米育种、栽培为业。”超过60岁退休年龄后，他继续发扬艰苦创业、艰苦奋斗的精神，一年干四年的科研工作，决心在自己的后半生，再为国家育出更好的和具有更高产能力的玉米新品种，为国家再增1000亿斤粮食而努力奋斗。为了保障我国的粮食安全，现年近70岁的李登海，不忘初心、牢记使命，仍然奋斗在山东、海南的科研第一线，脚踏实地、务实求进、创新发展、攀登新高峰、探索新突破；仍然在“开创中国玉米高产道路，赶超世界先进水平”的道路上探索前行，为了继续提升我国杂交玉米的高产能力，为了我国现代化农业需要的抗病、抗倒、优质、高产的玉米良种的保障供给而不懈努力。

供稿单位：山东登海种业股份有限公司

1921—2016 余松烈

余松烈院士一生从事作物栽培学教学和科研工作，致力于冬小麦精播高产栽培理论研究和新技术的推广普及，为我国小麦生产实现高产、优质、高效作出了重要贡献。他研究推广的冬小麦精播高产栽培技术被农业部确定为全国农业主推技术，在黄淮冬麦区大面积推广，多次刷新全国冬小麦单产记录，惠及山东、河南、河北、江苏、山西等地累计3亿多亩麦田，增产小麦260多亿斤。在山东农业大学执教60多年来，他主编或副主编《中国小麦学》《作物栽培学》《现代小麦栽培科学及其发展展望》等10多部著作，发表论文百余篇，先后培养了50多名博士、硕士研究生，为国家培养了大批农业科技人才。2016年4月，余松烈院士逝世，同年9月8日，被中共山东省委宣传部追授“齐鲁时代楷模”荣誉称号。

一生守望　唯愿春风拂麦浪

——记山东农业大学教授余松烈

1942年6月，余松烈毕业于私立福建协和大学农艺系，获学士学位。1949年10月起，先后任山东农学院讲师、副教授、教授、博士生导师，曾任农学系主任等职务。1953年加入中国民主同盟，曾任民盟泰安市委主委。1979年以来，先后担任农业部小麦专家顾问团成员、山东省小麦技术顾问团团长、山东省农业专家顾问团副团长兼小麦分团团长、山东省“三〇工程”小麦课题首席专家等。1980年加入中国共产党，历任第三届山东省政协委员，第五届、第六届、第七届、第八届山东省人大常委会委员，第七届、第八届全国人大代表。

作为我国著名小麦栽培学家，余松烈研究创立了小麦产量发展三阶段理论，提出了“小麦生长与环境、群体与个体、植株‘源’与‘库’是小麦产量发展的三对主要矛盾”，阐明了“小麦低产变中产、中产变高产、高产变更高产三阶段各自的主要矛盾、限制因子和技术途径”；研究创立了“冬小麦精播高产栽培理论”，提出了“小麦精

2006年5月24日，余松烈在级索镇麦田勘察。

播、半精播、宽幅精播栽培技术体系”；研究创立了“激发根系活力、延衰增产栽培理论”，提出了“以物理、化学和生物学的方法激发根系活力，改变生理机制、延缓衰老、增产提质的技术途径”等。这一系列的理论创新和技术成果，为我国现代小麦栽培学发展奠定了坚实基础，为我国小麦生产实现高产、优质、高效作出了重要贡献。1978年，他的主要研究成果“小麦高产栽培的理论与实际”获全国科学大会奖和山东省科学大会奖。1987年，“山东省黄淮海中低产地区夏秋粮均衡增产栽培技术的研究”成果获国家科学技术进步二等奖。1992年，“冬小麦精播高产栽培的理论与实践”获国家科学技术进步二等奖。1992年，山东省委、省政府对他给予重奖。1999年，他荣获何梁何利基金科学与技术进步奖。作为新中国知识分子的优秀代表，余松烈为我国小麦研究和国家粮食安全作出了巨大贡献，也为我们留下了极其宝贵的精神财富。

他有爱党爱国爱人民的政治品质。作为一名中国共产党党员，他有强烈的以身许党许国的使命感和责任感，始终将国家粮食安全和人民群众致富增收放在心上，一生致力于作物栽培学教学和科研工作，致力于小麦高产栽培理论和冬小麦精播高产栽培理论研究、技术创新，以及推广普及。

他有质朴厚德的人格品质。他呕心沥血教书育人几十年，先后培养博士后4名、博士生20名、硕士生18名，桃李满天下。他的学生都以自己是余先生的弟子为荣，师生接力，薪火相传，在业内传为佳话。他常以“老农民”自居，经常穿着运动鞋到田间地头干活，从来不追求物质上的享受。他一生获得了无数荣誉，但是最看重的是农民的肯定和褒奖。1996年6月，喜获丰收的滕州农民自发为他颁发了写有“科技兴农，功勋卓著”的金质“丰收”勋章，称赞他为“心目中最可爱的人”。

他有求真务实的学术品质。他在科学研究中实事求是，在教书育人上精益求精，作为山东省属高校第一位院士，他既站在学科前沿，又把论文写在大地上。他领衔推进山东省属高校博士研究生教育，静心教书，潜心科研，写下数百万字的教材、讲义、专著、论文，别人请他修改稿件，他一丝不苟，严谨细致，逐字逐句审改，从不敷衍应付。

他有实干奋进的创业品质。不管在什么历史条件下，不论是顺境还是逆境，他始终保持积极向上的精神状态。他脚踏实地、不辞劳苦，顶烈日、冒严寒，常年工作在田间地头，长期与农民在田地里共同劳

2004年，余松烈在审阅博士论文。

作。他带领研究团队建基地、创典型、做示范，年逾九旬还到麦田实地考察小麦长势，弥留之际还不忘小麦高产试验，把毕生精力都投到了提高小麦产量的研究和实践之中。

正是有了这些优秀品质的浸润和支撑，使得余松烈在科学研究、教育教学、社会事业等多个方面都作出了辉煌的业绩。

他为确保国家粮食安全和带动农民致富增收贡献巨大。他研究创立的小麦产量发展三阶段理论和冬小麦精播高产栽培理论，为我国现代小麦栽培学发展奠定了基础；创建的小麦精播高产栽培技术和小麦宽幅精播高产栽培技术，先后被农业部确定为全国农业主推技术，在黄淮冬麦区大面积推广，惠及3亿多亩麦田，累计增产小麦260多亿斤。2009年，他带领团队在滕州创出亩产789.9公斤的全国冬小麦最高单产纪录。2014年，他的团队在招远市实现小麦亩产817公斤，再

2006年5月24日，余松烈在考察小麦穗粒情况。

次刷新全国冬小麦单产纪录。

他在国内农业教育和山东省高等教育领域功勋卓著。他领衔建成山东省属高校第一个博士点、第一个博士后流动站，培养了中国科学院院士李振声、中国工程院院士于振文等一批知名的小麦专家。他主编《作物栽培学》《中国小麦栽培理论与实践》《山东小麦》《冬小麦的栽培》《冬小麦精播高产栽培》《作物栽培学》等著作10余部，开创了作物栽培学科发展的新阶段。

他在社会工作和公益事业方面影响深远。他立足本职岗位，积极参政建言，向山东省委提出“成立山东省小麦工程技术研究中心”的建议，并促成该中心于1998年正式成立；向山东省委、省政府提出“关于在全省开展小麦节本增效关键技术普及”的建议，得到省领导高度重视并推动实施，有力地提升了小麦科技成果和资源的整合力度，加快了小麦生产技术更新换代、提质增效的时代进程。

余松烈一生淡泊名利、敬业奉献，为人楷模、为师典范，是广大科研工作者和教育工作者学习的榜样，更是新时代“不忘初心、牢记使命”的光辉典范。

供稿单位：山东农业大学

冷晓燕

1974年生，女，汉族，中共党员，现任烟台市芝罘区毓璜顶街道大海阳社区党委书记、居委会主任。2000年6月以芝罘区第一名的成绩被录用为社区工作者，2004年9月任芝罘区毓璜顶街道大海阳社区党委书记、居委会主任。扎根耕耘社区19年，以社区为家，视责任如生命、待群众胜家人，凭一腔热血激情工作、奉献基层，立志让大海阳社区旧貌换新颜，带领党员干部群众把一个老旧社区建设成为“全国和谐建设示范区”“全国最美志愿服务社区”。冷晓燕曾当选山东省第十一次党代会代表、烟台市第十三次党代会代表，荣获全省城市社区“担当作为好书记”，并被中共山东省委记一等功等多项荣誉。2019年8月6日，中共山东省委宣传部授予冷晓燕同志“齐鲁时代楷模”称号。

19年坚守书写红色情怀

——记烟台市芝罘区毓璜顶街道大海阳社区党委书记、居委会主任冷晓燕

冷晓燕，1974年5月出生于莱阳，中共党员，烟台市芝罘区毓璜顶街道大海阳社区党委书记、居委会主任。先后当选山东省第十一次党代会代表、烟台市第十三次党代会代表。2017年6月，她作为烟台市唯一一名城市基层党组织书记参加了由时任中央政治局委员、中央书记处书记、中央组织部部长赵乐际主持召开的座谈会，大海阳社区党建和社区治理模式得到领导的高度评价。2018年，冷晓燕被省委评为山东省城市社区“担当作为好书记”并记一等功，被中共山东省委、山东省人民政府授予“山东省齐鲁和谐使者”荣誉称号。

冷晓燕是在基层一线一步步淬炼成长起来的社区党委书记，她默默扎根社区19年，以社区为家、待群众胜家人，视责任如生命，用自己一腔热血换来群众幸福洋溢，0.6平方公里的老旧社区华丽转身成为“全国和谐建设示范社区”“全国最美志愿服务社区”，所在社区荣获

各类荣誉17项。她因成绩突出，先后获“烟台市十佳社区工作者”“烟台市第五届道德模范”“烟台市巾帼建功标兵”“烟台市五一劳动奖章”等荣誉22项。被央视新闻联播、《人民日报》《中国社区报》等媒体报道，迎接中组部及各地组织部门、民政部门观摩调研70余次。

一个信仰坚定的共产党员
用“治大国”的理念，在平凡的社区工作岗位倾情奉献

如果故人真有在天之灵，那么冷晓燕的父亲——冷忠良书记一定会为女儿骄傲。冷忠良生前在莱阳谭格庄镇小于家村当了20多年党支部书记，为了改变村里贫困落后的面貌，他带领党员和村民修进村路、尝试种植苹果树、挖水库建水利，经历无数艰辛挫折，终于带领全村走上了脱贫致富之路。不幸的是，由于常年操劳，冷忠良书记最终累倒在工作岗位上，去世时年仅49岁。安葬时，县里、乡里的领导和村里百姓都去送行，这一幕在冷晓燕心里留下了深深的烙印，她至今保留着1994年8月《烟台日报》刊发的那篇关于父亲的事迹报道。“要像父亲一样做一名优秀的共产党员，用实际行动延续他未完成的使命。”信念的种子在冷晓燕心头坚定地生根、发芽，最难能可贵的是，她能将信念转化为行动。

2000年，冷晓燕以笔试、面试均第一名的成绩考取芝罘区社区工作者；2004年，年仅30岁的她被选为大海阳社区党委书记、居委会主任，成为当时全区最年轻的社区党委书记；从2004年到2017年，在社区“两委”选举大会上，她连续五届满票当选大海阳社区党委书记、居委会主任。

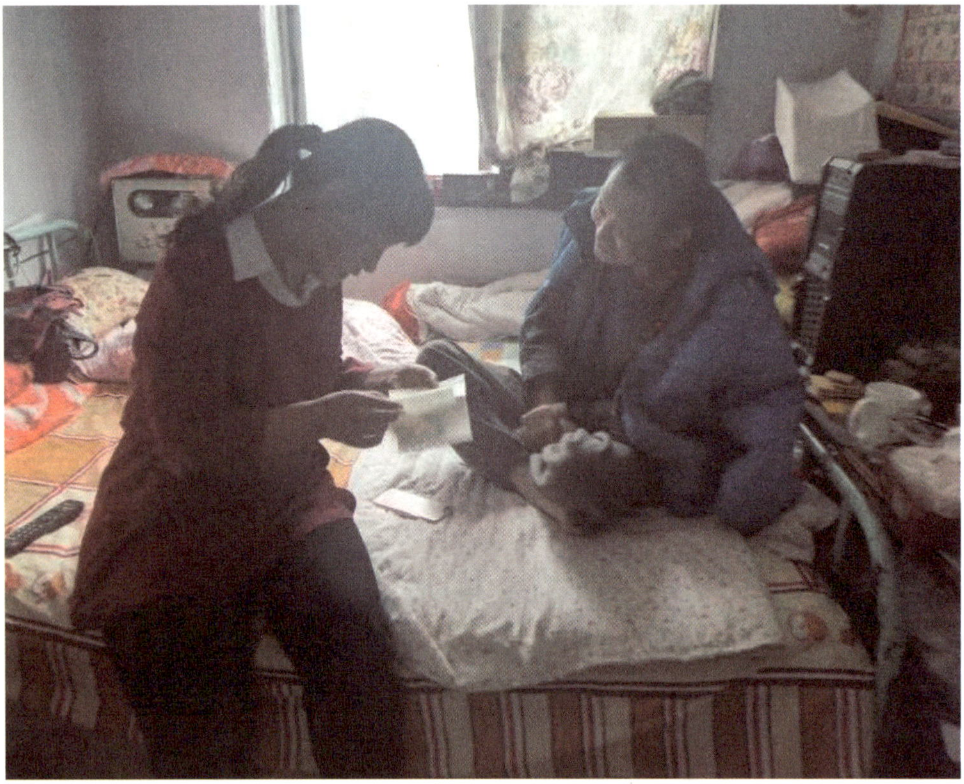

2018年10月，大海阳社区党委书记冷晓燕看望身患重病的社区居民。

在冷晓燕看来，“社区是离群众最近的地方，群众看我们的党好不好，首先看社区党委是不是真真正正地为老百姓办好事、办实事”。冷晓燕扎根社区10余年，读懂了自己的身份，更认清了自己的责任，用点滴行动将党的温暖送到群众最需要的地方。

大海阳社区有这么一条硬性规定：无论是社区社会组织还是志愿服务队，所有群众组织的负责人都必须是党员。在为民服务的过程中，每名党员志愿者都要求佩戴党徽，通过一点一滴的服务树立党员的形象，让老百姓看到党员在行动，感受到党和政府的温暖。在这种“党员就是先锋模范”氛围中，大家听党话、跟党走的执着信念更加坚定，也影响着更多的党员群众参与到社区建设中。如今，大海阳社区大到社会组织由党员带，小到花草桌椅由党员管，处处是党员的身影，心中都是对党的崇敬和向往。

一个深爱群众的社区党委书记
向群众心坎上“使劲”，编织起近万人的幸福生活

大海阳社区属于老城区，居住着2528户、7469名居民，人口密度大，社区基础设施差，群众怨言多，工作难度很大。“既然选择当一名社区党委书记，就意味着要比别人担更重的责任，付出更多的精力。”不服输的冷晓燕时常这样告诉自己。上任伊始，她便带头在社区公布手机号码，设立30余个民情意见箱，全面走访辖区居民。“只要付出的是真情，换来的就一定是超越血缘的亲情。”在这种信念的指引下，社区的每一个角落都留下了她的脚步，社区的每一名群众都记挂在她的心头，社区的每一件事都浸润着她的心血。这几年“三访”民情记录整整记了十几本、10000多条，社区每家每户的情况她都了如指掌。

为了解决小区连年暖气温度不达标的问题，她与供暖企业谈判十几次，最终赢回了民生“温度”。她尝试从源头上化解社区不稳定因素，组建“法律、调解、警务”三大管家队伍，关心关注关爱各类特殊群体，原来的“问题老户”成为今天的积极分子，十几年来未发生一起上访事件。她抓住老旧社区改造有利契机，为30多年未改造的老旧小区更换门头网点、路灯管网，社区的环境更美了，居民的笑容更甜了。她为社区居民编制了一张“民情地图”，营造了一个“幸福家园”，让群众发自内心感党恩、念党情。

社区居民刘顺（化名）曾经是全市技术拔尖人才，2004年失业后，

2017年5月，大海阳社区党委书记冷晓燕和社区居民聊天，了解社情民意。

严重的心理落差使他情绪低落，2005年，在社区进行失业家庭普查登记时，他极度不配合工作，甚至把户口本重重地摔在了冷晓燕的脸上。冷晓燕强忍着泪水，耐心询问他的生活情况。当得知他儿子以优异的成绩考入名牌大学却无力支付高昂学费时，冷晓燕当即帮助他申请到了2000元的困难学生救助金。从此，刘顺的态度有了很大转变，越来越多地参与到社区活动中，还承担了社区所有黑板报每个月的誊写工作。天有不测风云，刘顺后来查出患上肝癌，冷晓燕得知情况后，及时为其办理了大病救助申请、低保家庭申请和困难党员申请，刘顺弥留之际，拉着冷晓燕的手几度哽咽，欲言又止。此时，冷晓燕已看出他的心事，向他郑重承诺："只要有我在，社区就不会让你的儿子失学，我一定会竭尽全力为孩子筹集学费，让孩子顺利完成学业！"刘顺去世后，冷晓燕一直履行着她的诺言，每年帮助其家庭筹集学费4000余元，直至孩子大学毕业。

2012年1月，年近八旬的李桂兰老人找到冷晓燕。由于老伴去世得早，离异的小女儿患有白血病，40多岁的儿子精神三级残疾，老人每月1000多元的退休金根本就不够维持生活。按照相关政策，因老人收入超标，办不了低保和困难救助。面对李桂兰的无助，冷晓燕心里比老人更急，她开始积极寻求其他渠道帮助老人。当年市两会期间，冷晓燕看到报纸上一条关于市政协委员们自掏腰包热心捐款的新闻。她受到启发，找到媒体希望能够得到这笔救助款。最终，热心的政协委员们募捐了3000元并交到了李桂兰老人手中，老人眼含热泪，一句话也说不出来。

2018年7月，大海阳社区党委书记冷晓燕来到“壹家生活社区厨坊”，为前来就餐的社区居民服务。

冷晓燕既是居民们的“小巷总理”，也是他们的亲闺女。在社区居民眼里，她永远是最忙、最累也是最不知疲倦的人，她经常撇下小家服务大家，她的女儿从小吃百家饭长大，家里老人生病照顾不了，自己带病坚守在工作岗位上，群众看在眼里，疼在心里。

看到居委会晚上亮着灯，居民知道她又在加班了，会赶紧做好饭菜送过去，谁家有什么琐事难事，他们也都是先到社区说一声，这样的感情是冷晓燕日复一日、年复一年掏心窝子换来的。

一个敢为人先的干事先锋
以社区协同治理创新，打造0.6平方公里上的大同

社区老人多，需要上门服务；流动人口多，安全教育缺乏；社区孩子多，渴望寒暑假活动；养狗户多，不文明养犬现象突出……一件件具体的小事，就是老百姓的切身需求。这些事，政府想管，但太小太细，管不过来；社区想管，但人手不够，力不从心。面对日常繁杂的社区事务和力量不足等问题，她始终认为社区从不缺乏自我服务、自我管理的能力。她挖掘人才，整合资源，积极为党员发挥先进模范作用搭建载体，激发群众参与社区治理的内生动力。

早在2014年，她就成立了全市第一家社区众爱公益项目孵化基地，以社区为平台、社会组织为载体、社工为支撑、志愿服务为补充，“四社联动”社区治理和服务创新模式日渐完善，社区已经自主培育社会组织43家，建立全市首个高校实训基地，使社会组织参与社区治理向规范化迈进。在山东省首届社区社会工作服务项目大赛中，她组织申报的“情暖家园彩虹安全维修服务项目”作为烟台市唯

2019年1月，大海阳社区党委书记冷晓燕与社区寒假公益成长园的孩子们在一起。

一一个社区层面的项目入围，最终斩获大赛银奖。2017年，社区又被省民政厅授予山东省社区社会工作试点单位，为社区社会组织的发展奠定了坚实的基础。

面对社区很多老人单独居住，无法买菜做饭的难题，她打起了辖区单位和社会组织的主意：由社区党委牵头，借助社区红色先锋公益服务中心的力量成立“壹家生活社区厨坊”；将“社区厨坊”申报为党组织服务群众专项经费重点项目，获得5万元资金支持；协调驻区单位、市直双管双责单位及爱心企业，为“社区厨坊”赠送米、面、油等物资，降低运行成本。“社区厨坊”不是采用市场化的模式，而是组织动员群众养好本社区的老人，目前“社区厨坊”的志愿者达到32人，为134名社区老人免费做午餐。社区老人杨连峰高兴地说：“小孩有小饭桌，我们的幸福大海阳也给我们老人弄了个‘老饭桌’，生活在这样的社区是我们的福气。”

2019年元旦，一场红色先锋慈善公益基金成立仪式在大海阳社区成功举办，能让全省首个社区党建基金在自己的社区落户，冷晓燕很激动，社区开展助学、助老、助残等工作有了更强劲的“新动力”，目前社区党建基金已筹集资金44.34万元，为困难党员和群众发放救助金和物资5.7万元。为了让居民的爱心更好地汇集，她又发起了社区壹元互助基金，吸引更多社会力量助力社区公益、参与社区服务，扎实开展为民服务项目，营造“人人为我，我为人人”的大爱氛围，实现“幸福路上一个都不能少”。

没有轰轰烈烈的壮举，却默默地把人生最美好的青春年华献给了0.6平方公里、2528户7469名社区百姓；没有气吞山河的豪言壮语，却用亲情和爱心滋润了社区百姓心田……“风里雪里，我用心来守护你。”这是冷晓燕对社区百姓的情，也是她坚定不移的信仰！

供稿单位：中共烟台市芝罘区委宣传部

张保国

男，汉族，山东陵县人，中共党员，现任济南市公安局特警支队党委委员、副支队长。1964年出生，1999年参加公安工作。张保国同志自参加公安工作以来，始终怀着对党和人民的无限忠诚，对公安工作的无限挚爱，坚持战斗在排爆安检最前沿，以挑战“死神”的实际行动模范践行着对党的事业的忠诚与执着。他曾荣获“中国青年五四奖章”，被评为“济南市道德模范”“山东省十大杰出青年”“全国优秀人民警察”等，荣立个人一等功1次、二等功5次、三等功3次。2018年5月29日，人力资源和社会保障部、公安部授予张保国同志“全国公安系统一级英雄模范”荣誉称号；2018年11月，中宣部、退役军人事务部授予张保国“全国最美退役军人”称号；2019年4月25日，被中共山东省委宣传部授予“齐鲁时代楷模”称号；2019年5月，被公安部授予全国“公安楷模”称号；2019年6月25日，被中宣部、中组部授予全国“人民满意的公务员”称号。

挑战“死神”的人生格言

——记济南市公安局特警支队党委委员、副支队长张保国

人们对“死神”唯恐避之不及，有人却偏要与之正面交锋；在随时可能爆炸的危急时刻，有人却毅然接受“死神”的无情挑战，从不退缩……他的勇气突破了生死界限，他的事迹在齐鲁大地广为流传，他被誉为“挑战‘死神’的拆弹专家”，他就是济南市公安局特警支队党委委员、副支队长——张保国！

参加公安工作以来，张保国始终怀着对党和人民的无限忠诚，对公安工作的无限挚爱，坚持战斗在排爆安检最前沿，以挑战“死神”的实际行动践行着对党的事业的忠诚与执着。从事排爆工作20载，如今已过不惑之年的他，在全省排爆手中已经是年龄最大的了，但他从未想过要离开。张保国口中常常挂着5句人生格言，也正是这些朴实无华的话语，支撑着他献身排爆事业的拳拳之心，成全着他为人民群众历尽危难的赤子之情。

面对生死考验时，他说“有排爆任务都不要争，我的党龄最长我先上”，以一次次的实际行动阐释对党的绝对忠诚

公安排爆是一项离“死神”最近的工作，时时刻刻命悬一线，多年来，济南市公安局急需这方面的专业人才。1999年，张保国从部队转业到市公安局，当领导安排他的工作岗位时，他毅然表示，只要排爆事业需要冲锋陷阵的闯将，自己就不做碌碌无为的庸人。从那时起，他义无反顾地走上了公安排爆岗位，一干就是20年，始终怀着对党、对人民、对公安事业的赤胆忠心，一次次经受生与死、血与火的考验。自参加公安工作以来，他先后完成防爆安检任务1300余次，排除爆炸装置和爆炸可疑物130余个，鉴定、排除、销毁各类炮弹、炸弹等4000余发（枚），销毁废旧雷管30余万枚、导火索50余万米、导爆索1万余米。

2016年10月4日，张保国带领队员处置爆炸案遗留的爆炸装置。

面对危难时刻时，他说“为了人民群众的安全，我敢于接受‘死神’的挑战”，以忘我的付出庇护群众的生命财产安全

自参加公安工作以来，张保国始终把人民群众装在心里。不论是在广场、社区，还是在车站、机场，不论是在排除爆炸可疑物、处置涉爆现场，还是销毁废弃弹药、拆解爆炸装置，在群众最危险、最需要的时候，他总是带着对人民群众的深厚感情，守护着他们的生命财产安全。2004年7月9日，“亚足赛”开幕前夕，济南一家大型超市接到爆炸恐吓电话，犯罪分子声称若不在规定时间内把20万元存入指定账户就要引爆炸弹。张保国和战友接到报警迅速赶到现场时距炸弹爆炸只剩15分钟，周边有数千名来不及疏散的群众。张保国二话不说，立即对可疑物进行鉴定，重达40公斤的排爆服密不透风，加上精神高度紧张，他早已汗流浃背，几近窒息。他凭着高度的责任心和精湛的业务技能，最终安全拆除了爆炸装置，还没来得及脱下排爆服就虚脱瘫倒在地。周围群众纷纷为张保国的英勇行为拍掌叫好。

面对突发事件时，他说“排爆手就是正义的化身，正义一定会压倒邪恶”，以大无畏的英雄气概维护社会治安稳定

多年来，张保国一次次临危受命，一次次挺身而出，一次次化险为夷，面对挑战不退缩，危难时刻显身手，冲锋陷阵，一往无前，充分体现了人民警察大无畏的英雄气概。2005年3月2日，张保国在销毁废弃弹药时，被老旧发烟罐泄露引起的大火团团围住，造成全身烧伤面积8%，脸部二度烧伤，双手深二度烧伤，落下七级伤残。但伤残的痛苦

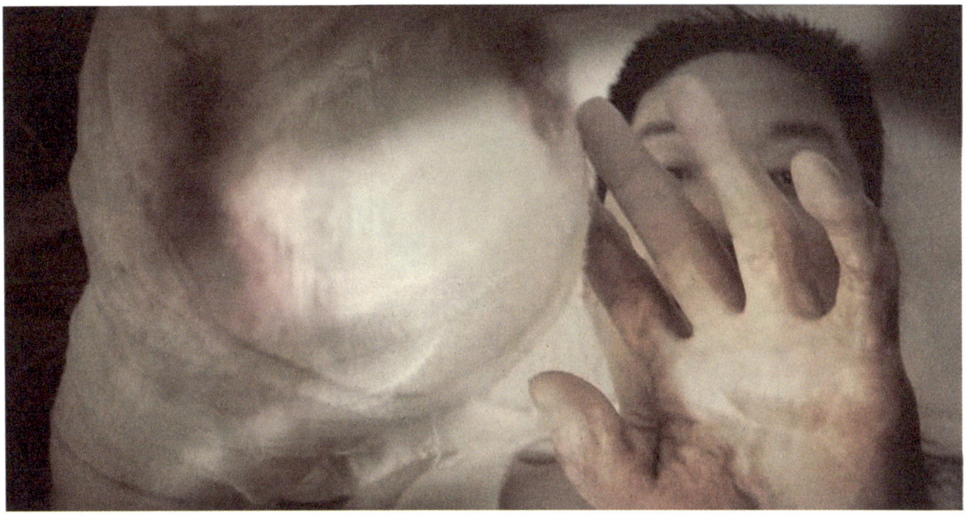

2005年10月，张保国受伤致残的双手进行植皮手术。

没有消磨他的坚强斗志，死神的危险没有让他知难而退，就在出院后的第三天，他缠着厚厚的绷带，再一次站在了爆炸可疑物处置现场。2008年8月6日，距离北京奥运会开幕还有2天，一家客运公司为抢占市场、打压对方，将一个装有汽油的爆炸物放在另一家客运公司的长途客车上。当晚9点多，张保国紧急赶到现场，还没等其他排爆队员反应过来，他已经穿上了防爆服。经过勘察判定，该爆炸品由蓄电池、汽车中控设备、装有约1.8升汽油的塑料筒和浸满汽油的海绵组成，一旦引爆势必车毁人亡。从不吸烟的他默默吸了一支烟，坚定决绝地走向爆炸物，在第二天凌晨2点成功拆除，为奥运安保消除了一大隐患。

面对这份职业时，他说“只要犯罪分子懂的，我都要比他更懂”，以精益求精的工匠精神始终创造一流工作业绩

张保国无比热爱自己的工作，将全部精力和心血都献给了壮丽的公安排爆事业。随着社会治安形势的日趋复杂和搜爆排爆安检技术的

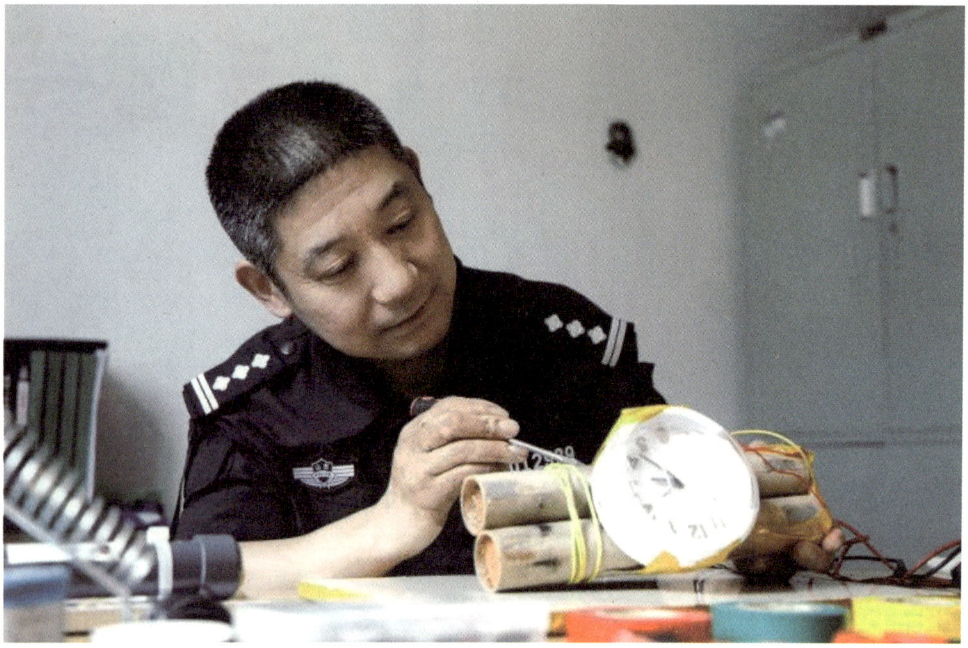

依然坚持战斗在排爆一线的张保国在复原爆炸案件的爆炸装置

日新月异，为了打赢每一场战斗，确保自己和战友们平安归来，他时刻不忘向书本学理论、向同行学技术、向实战学经验，自费购买了机械、电子、化学、心理和排爆专业书籍，只要遇到与排爆有关的知识，他都抓住一切机会学习。他刻苦钻研，开拓创新，深入研究新型爆炸装置的起爆原理和组拆技术，全面革新排爆机械手，自主研发出车底安检系统，组织编写了全省重大安保防爆安检教材，被山东省公安厅评为“齐鲁公安英才拔尖型人才”，由他参与处置的“10·02”等多起爆炸案成为全国排爆典型案例，多次作为专家在公安部举办的全国防爆安检与排爆培训班上授课，撰写的十几篇专业论文在“中国安检排爆技术研讨会”的专业杂志上发表和获奖，逐步成长为一名全国公安排爆战线上的领军尖兵，是中国防爆安检专家委员会14名专家委员之一。

面对人生抉择时，他说“父母理解支持我，为国尽忠就是尽孝”，以无悔的付出实现新时代人民警察的人生价值

张保国把干好本职工作作为实现人生价值的最高追求，20年如一日忘我工作，从不讲条件，从不计付出，表现出强烈的敬业精神。他兢兢业业、任劳任怨，遇有重大安保任务，坚持24小时值班备勤，记不清有多少次凌晨半夜出警，是出了名的“工作狂”。他连续96天盯靠在上合组织青岛峰会安保一线，夙兴夜寐、废寝忘食，带队完成场地防爆安检任务70余场次，确保了39处场馆驻地、近600万平方米任务区域的绝对安全。他既在工作上忠于职守，又在家庭中孝敬双亲。尽管很多时候因为工作繁忙无暇顾及家中的大事小情，但他无时无刻不记挂着父母和妻女。2005年因公烧伤后，为了不让父母担心，他一直隐瞒真相20余天，《济南时报》破例报道了一个不让写名字的先进典型，只用“一名党员民警”来代表，他以这种特殊的方式诠释了“忠孝可以两全”。

供稿单位：济南市公安局

张瑞敏

男，汉族，山东莱州人，中共党员，海尔集团创始人、人单合一模式创立者，现任海尔集团党委书记、董事局主席、首席执行官。1984年，他出任青岛电冰箱总厂厂长后，抓住改革开放的机遇，历经五大战略发展阶段，带领一个亏损147万元的集体小厂，从无到有、从小到大、从弱到强，成长为全球知名的跨国企业集团。2005年，张瑞敏首创的人单合一模式，实现了中国管理从学习模仿到引领世界管理模式的突破，人单合一模式被认为是继福特模式、丰田模式后的世界工业企业第三代管理模式。他是党的十四大至十九大代表，曾获“全国劳动模范”“全国优秀共产党员”等荣誉称号。2018年12月18日，张瑞敏被中共中央、国务院授予“改革先锋”称号。

与时代同步　不惜火中重生

——记注重企业管理创新的优秀企业家代表张瑞敏

创业于1984年，成长于改革开放时期的海尔集团，是全球白色家电的第一品牌。海尔的创业史，是改革开放以来中国家电业从小到大、从弱到强、从中国市场走向全球市场的一个缩影。作为共和国同龄人的海尔集团首席执行官张瑞敏，就是注重企业管理创新、带领海尔集团成长为全球知名的跨国企业集团的优秀企业家。

张瑞敏，1949年出生于青岛的一个普通工人家庭，高中毕业后到了工厂，专门从事五金用品加工。他勤勉好学，每天到夜大上课学习机械加工制造专业技术。工厂空闲的时候，他把学到的技术在工厂进行创新试验，得到同事的广泛关注。经过不断的努力，他从一名普通工人，逐渐成长为班组长、车间主任、副厂长，后来又到青岛市家电公司工作。

回忆起在工厂工作的时光，张瑞敏在那时就懂得了人和公平的重要性，“很多工人其实非常有能力，有很多好想法，但上面一句要怎么干，这些想法就都没了”。张瑞敏坚信，做企业，资产、设备并非决定性因素，决定性因素是人，要把人的价值发挥出来，那就必须要用“公平”激发人的主动性。

从技术引进到自主创新

1984年，张瑞敏由青岛市家电公司副经理出任青岛电冰箱总厂厂长。那时的青岛电冰箱总厂是一个集体小厂，亏损147万元，缺少关注、缺少管理，员工也没什么斗志。青岛电冰箱总厂即后来海尔集团的前身。

在改革开放的大好形势下，青岛电冰箱总厂引进了德国利勃海尔公司电冰箱生产的技术、设备、标准。张瑞敏在中国企业里最早提出并制定了“名牌战略”，确定了“起步晚、起点高”的原则。引进高起点的技术后，张瑞敏狠抓内部管理，使工厂走上了正轨。1984年制定的“不准在车间大小便”等13条管理规则，是这一阶段艰难起步的真实写照；1985年砸毁76台不合格冰箱的“砸冰箱”事件，说明在其他企业更注重产品质量的时代，张瑞敏就注重提升全员的质量意识，让员工从一开始就意识到自己是和顾客在一起，这件事也是他抓质量、创名牌的标志性事件。

海尔的名牌战略很快在市场上收获了成果：1988年，获得了中国电冰箱史上的第一枚质量金牌；1990年，获得了中国冰箱行业第一枚国家质量管理奖“金马奖”；1991年，入选首届“中国十大驰名商标”。这标志着海尔在改革开放初期，逐步成长为国内著名的企业、成长为驰名品牌。

1988年，海尔领回中国电冰箱史上首块质量金牌。

从中国名牌到全球化品牌

1991年，海尔集团成立，进入多元化发展战略阶段。1992年初，邓小平发表南方谈话。张瑞敏抓实机遇，在青岛东部建立了海尔工业园。海尔集团在随后几年迅速扩张，先后兼并了18家亏损企业，并通过移植海尔管理模式使其盈利发展。企业多元化经营的规模得到空前扩张。

20世纪90年代末，是海尔开拓国际市场、创全球化品牌的开始，张瑞敏构建起全球十大研发中心，带领海尔“走出去”，从“中国名牌”发展为“全球化品牌”。海尔创全球化品牌之路经历了“三步走”战略，即走出去——出国创品牌；走进去——成为本土化企业；走上去——成为当地的世界名牌。

在经营探索中，张瑞敏始终关注人的价值，以用户为中心，在追

1999年，海尔在美国建立第一个海外工业园。

求质量满足用户需求的过程中，创立全球知名品牌，成为重要的品牌资产。据世界权威市场调查机构欧睿国际2018年调查数据显示，海尔大型家用电器连续10年蝉联全球第一。2008年，时任中央政治局常委、中央书记处书记、国家副主席的习近平同志到海尔视察时对海尔的创新创牌给予高度评价。“2019年BrandZ全球最具价值品牌100强”榜单发布后，海尔成为榜单中首个入选的物联网生态品牌。

从市场创新到管理创新

企业规模的扩大，带来了市场创新的难度，更带来了管理创新的挑战。在引进先进技术和管理经验的同时，张瑞敏注重对员工的培养和激励，注重对新技术的引进、消化、吸收，注重结合实际探索新的经营管理模式。张瑞敏一直在探索一种“中国式”的管理模式，他总结为“企业内部模拟市场”。“企业内部模拟市场”的含义就是“工厂下道工序是上道工序的用户，上道工序则是下道工序的市场”。张瑞敏对此解释说：“下道工序如果发现上道工序有质量问题，那么他的工资也就有了来源，由上道工序的人出；如果他没有发现问题，而自己的下道工序的人指出了质量问题，那么他下道工序的人的工资则毫不留情地由他本人出……”张瑞敏认为，企业走向市场的前提是每一个员工必须先在市场之中。

在强化基础管理中，他创立的“日事日毕、日清日高”的OEC管理法获得“国家级企业管理现代化创新成果”，在企业管理中广泛使用且沿用至今；在多元化扩张中，他提出“运用无形资产盘活有形资产”；在国际化阶段，进行“市场链”流程再造，让员工成为市场目标的主人；2005年，张瑞敏提出的“人单合一”模式更是实现了中国管理从学习模仿到引领世界管理模式的突破，在农业、医疗业、传媒业等众多行业实现了跨行业复制，也在日本三洋、新西兰斐雪派克以及美国GEA实现了跨文化复制。自创立“人单合一”模式以来，张瑞敏在实践探索中创新提出了“用户乘数”“创客所有制”“共赢增值表”“生活X.0”“生态品牌”等众多管理新概念、新体系，丰富并完善了管理理论体系。

2013年是海尔的平台化元年。张瑞敏坚持“人的价值第一”，为更好激发每个人的创新活力，在“人单合一”模式下积极推进企业变革，将海尔从传统的科层制企业变为网络化组织。平台上只有三类人——平台主、小微主、创客，小微变成了“自创业、自组织、自驱动”的“三自”组织，小微变成了拥有现场决策权、用人权和分配权“三权”的“自主人”、创客。张瑞敏搭建了人人都有机会成为创业家的平台，践行了“人人都是CEO”的理念，积极响应了“大众创新、万众创业”的实施。

打造创客平台、孵化小微企业，海尔集团也成为大企业创新创业的典型代表。现在，海尔内部每个员工都成为“创客”，小微主与创客双方可以互选，小微主无法带领小微实现目标就被淘汰；双方共同组成一个有机体，共同面对用户和市场，还可以引入外部社会资源。曾经体量巨大的海尔变成上千个小微团体。海尔的人人创客模式把海尔这艘巨型航母，变成一艘艘舰艇——它们彼此独立，得以灵活作战；同时血肉相连，秉承共同的目标和利益诉求。根据张瑞敏的设想，海尔向世界开放的是一个资源平台，任何外部的研发资源都可以无障碍地进入：所有员工都可以在上面自主创业，所有供应商和消费者都可以参与到创新产品的全过程中，所有优秀资源都能在上面实现自我价值。

张瑞敏在管理上的创新实践得到全球管理学界及企业界的高度认可。1998年，张瑞敏应邀前往哈佛大学讲课，成为第一位登上哈佛讲

2018年，张瑞敏应邀在哈佛大学演讲。

2018年12月18日，在庆祝改革开放40周年大会上，张瑞敏被中共中央、国务院授予“改革先锋”称号。

坛的中国企业家，“海尔文化激活休克鱼”的成功案例入选哈佛大学商学院案例库。世界一流战略大师加里·哈默评价张瑞敏为“互联网时代CEO的代表”。2015年、2017年张瑞敏两度入选“全球50大管理思想家”榜单，其创立的“人单合一”模式被认为是继福特模式、丰田模式后的世界工业企业第三代管理模式，实现了中国企业从学习模仿到引领世界管理模式的突破。2018年12月18日，在庆祝改革开放40周年大会上，张瑞敏作为注重企业管理创新的优秀企业家代表被授予“改革先锋”称号。

从中国制造到中国模式

在建立现代经济体系与高质量发展转型的过程中，海尔在张瑞敏的带领下从中国制造率先向中国创造转变，通过自主创新技术、国际标准制定、发展工业互联网平台等转型为智能制造生态，输出大规模定制模式，助力新旧动能转换，赋能中小企业转型。海尔先后被多个国际标准化组织邀请牵头制定和研究大规模定制模式的国际标准，在大规模定制领域赢得了全球行业主导权和话语权。

现在，海尔已有多个案例入选哈佛商学院，被反复研究、揣摩，成为全球学者、管理者关注的焦点。张瑞敏去哈佛已不再是新闻，他创造的“自以为非”的企业文化和“人单合一”的管理模式正被全世界越来越多的企业学习。海尔COSMDPlat工业互联网平台被国际标准化组织选定牵头制定了三项大规模定制模式的国际标准。全球舞台上的中国制造元素除了产品、品牌，还第一次出现了中国模式。

“过去，中国企业没有自己的商业模式，只能学国外的。但在物联网时代，大家站在了同一条起跑线上，谁也不知道物联网前方的商业模式是什么，如果中国企业家率先探索成功，就会走在世界企业的前面。”张瑞敏说。

张瑞敏始终坚持“没有成功的企业，只有时代的企业”，顺应国家改革发展大势，始终踏准时代节拍，带领海尔从一家资不抵债、濒临倒闭的集体小厂成长为全球知名的跨国企业集团。2018年，海尔集团全球营业额实现2661亿元，同比增长10%；全球利税总额突破331亿元，同比增长10%。

供稿单位：海尔集团

1955—2017

陈叶翠

女，汉族，中共党员，济南市历下区甸柳新村街道第一社区原党委书记、居委会主任。1974年12月参加工作，她扎根社区30年，视社区如家，待群众如亲人，始终与群众想在一起、干在一起，身体力行把党的方针政策落实到基层和人民群众中，在平凡的岗位上作出了不平凡的业绩，以实际行动体现了一名共产党员对党忠诚、心系群众、忘我工作、敢于担当、与时俱进、无私奉献的优秀品质。陈叶翠曾当选党的十八大代表、山东省第九次党代会代表、济南市第十次和第十一次党代会代表。曾被授予“山东省优秀共产党员”“全国三八红旗手”“全国先进工作者”“全国优秀党务工作者”等荣誉称号。2017年11月11日，陈叶翠同志因病去世。2017年11月24日，中共山东省委宣传部追授陈叶翠同志“齐鲁时代楷模”称号。

扎根社区　奉献居民　让党旗在社区高高飘扬

——记济南市历下区甸柳新村街道第一社区原党委书记、居委会主任陈叶翠

陈叶翠，女，生前任济南市历下区甸柳新村街道第一社区党委书记、居委会主任，全省首位公推直选产生的“小巷总理”。她33岁投身社区工作，30年如一日扎根社区，尽心竭力为群众排忧解难，赢得了群众的信任和拥护。她先后被授予“全国优秀党务工作者”“全国社区服务先进个人”“全国优秀社区工作者”“全国三八红旗手”“全国模范人民调解员”“泉城巾帼十杰”“济南市优秀共产党员”“齐鲁时代楷模”等荣誉称号。所在社区曾被授予“全国社区服务先进社区”“全国学习型家庭示范社区”“山东省和谐社区建设示范社区”“济南市党建工作示范社区”等30多项国家和省、市级荣誉称号。

民主管理，让居民真正成为社区主人

随着城市工作重心下移，社区承担的工作量与社区工作力量匮乏

陈叶翠工作照

之间的矛盾日益突出，同时居民归属感不强，社区各项工作任务很难得到全面落实。针对这一现状，陈叶翠认为“社区工作千头万绪，只有发扬民主，才能调动起党员群众积极性”。在充分调查研究的基础上，她在社区积极推行“四议三评两公开”工作法，即凡属社区重大问题都要经社区党委会提议，经社区、驻区单位党员代表组成的党员议事会商议，并听取由楼长、党员小组长、退休人员管理会会长等组成的社区居民议事会的建议，最后交由社区居民代表会议或居民大会决议，将社区“两委”工作通过季度一考核、半年一述职、年终一总结的方式交由社区党员群众测评，并做到决议、结果“两公开”，有效保障了党员群众的知情权、参与权、监督权，极大激发了居民和辖区单位参与社区管理、社区服务和社区建设的积极性。

当时全市迎全运环境综合整治任务繁重，拆迁整治涉及部分居民的切身利益，面对着拆迁难、经费不足等诸多难题，陈叶翠坚持把“四议三评两公开”作为工作法宝，将整治方案、拆迁办法、工程进度交给居民共同商议表决，短短一个月时间内，她就动员驻区单位和辖区内48家经营业户共筹集资金100多万元，对2条街巷、88个门头房进行了整治。仅上半年，就拆除违章建筑60多处，面积近2000平方米，拆迁过程中社区没有出现一个“钉子户”，没有发生一起上访事件。此外，通过这种民主工作法，不文明养犬、社区办公用房改造、占道经营等问题也都得到妥善解决。按她的话说，“确实尝到了民主管理的甜头”。

倾心服务，让党旗高高飘扬在社区

“群众反映的事对集体来说可能不是什么大事，但对个人和家庭来说就可能是了不起的事。”基于这种认识，她对群众反映的大事小情都能做到有求必应。老党员王学恭所住楼房水压低，她就跑自来水公司。老党员王利为楼房产权问题要带领居民上访，她积极协调有关部门，帮居民拿到房产证。她为济南重型机械厂200多名退休职工争取医疗保险……一位居民道出了她的“爱民情”：“我们平时无论遇到什么难事，只要找陈书记，她都当自己的事来办，感谢党培养了这么好的干部！”

但陈叶翠并不满足，她认为“知识决定境界”，只有积极引进高素质人才，才能为居民群众提供更加专业化、职业化的服务。2007年，她与山东大学、山东师范大学等高校联系沟通，成立了全省首家社会工作专业服务机构——甸柳第一社区社会工作服务站，建立了社工专业实习基地，探索推行社会工作“1+X”运行模式，“1”即社会工作站，“X”即由高校专业人才、具有专业化知识的行业精英、社区党员和青年志愿者等3000多人组成的四支义工队伍。先后聘请加拿大多伦多大学社会工作学院曾家达教授、山东大学高鉴国教授等知名专家以及社会工作专业高校毕业生进入社区开展服务，为社区带来了先进的服务理念和多元化的服务模式。设立了温馨话室、知心畅语工作室等，邀请律师、心理学专家以及青年志愿者定期为居民提供法律、心理、青少年帮扶等方面的服务。

关心弱势群体，让困难群众燃起生活的希望

陈叶翠常说：“饭要送给急人吃，人生之路谁没个坎坷，人在困难的时候你拉他一把很重要。”辖区居民李丽娜，婚姻非常不幸，两个孩子患残疾，自己又被确诊为脑瘤，而家里仅有的4000元钱难以支付昂贵的手术费，这个苦命的女人彻底绝望了！陈叶翠了解情况后流泪了，她跑到李丽娜单位协调医疗费，从早上8时一直等了几个小时才见到该单位领导，但该领导一句话：“你和她什么关系？赶紧出去！”让陈叶翠的心一下凉到了脚后跟。救命钱不能耽误！她带着李丽娜残疾的小女儿，组织了“伸出你援助之手，挽救她一次生命”的募捐活动，最终筹集到近1万元救命钱，让李丽娜有了活下去的希望。

社区共有31家低保户，在政府发放低保金进行长效救助的基础上，陈叶翠带领党委一班人，每年筹集3万多元资金对遇到大病、火灾等突发事件的低保户进行临时救助，截至目前，陈叶翠共为低保户筹集发放15万元救助金。

“救急不救贫”，对于弱势群体，陈叶翠认为不能仅仅停留在救助

陈书记办社区手工作坊，优先雇用社区的残疾人。

上，更要把重心放在帮助就业上。她组织开展“零失业社区”创建活动，承诺“24小时不挑不拣保证就业”，办起了全区第一家社区手工作坊，优先雇用社区残疾人；把社区经营用房优先租给社区下岗失业人员，房租17年没有涨过一分钱；组建再就业促进会，协调驻区单位为弱势群体提供就业岗位、就业信息和就业技能培训。在她的积极协调下，社区与30多家单位达成优先安排社区居民就业的意向，使社区内417名下岗失业人员、残疾人等困难群众实现就业。2008年，社区被评为“全国充分就业和谐社区”。

丰富文化生活，让社区盛开和谐文明之花

陈叶翠认为：“文化是凝聚人心的灵魂，只有多组织一些社区文化活动，才能不断增强社区凝聚力。”为此，她想尽一切办法丰富居民的

精神文化生活。

场地不足，她带领群众多方筹资72万多元，改造居委会，建成集娱乐、健身、休闲于一体的近600平方米的社区活动中心；人手不够，她挨家挨户动员社区文艺骨干；内容缺乏，她经常大清早就跑到泉城广场、四里山等几个较大的群众文化活动点学习；演出缺服装，她就自己买来布料，让学美术的女儿进行设计，组织会裁剪的居民缝制；经费紧张，她就与丈夫商量从家中先拿钱垫上。

目前，社区拥有由1000多名群众组成的“星光艺术团”，下设合唱、舞蹈、戏曲、快板、腰鼓、秧歌等17支文体活动队，居民可根据自己的喜好参加不同的队伍。退休孤寡老人李菊芬，虽然经济条件较好，但是精神上很空虚。陈叶翠就动员老人参加了社区“星光艺术团”。精神生活充实了，李菊芬老人笑在脸上，感激在心里，她用干花亲手制作了两幅画送到了社区党委。面对非典，艺术团的36名共产党员加班加点写歌词、谱歌曲、做道具、搞排练，仅用两天时间便排练出一台以防治非典为主题的文艺节目，在社区演出后受到群众的一致好评。

坚持“一个活动就是一个精品和亮点”的原则，陈叶翠精心策划“和谐家庭金婚银婚”庆典、“母子同乐幸福家园”、大合唱、社区运动会等体现思想性、群众性的文化活动，活跃了社区气氛，融洽了居民关系，增强了社区凝聚力。同时，她把普及社区文化和提升社区文化有机结合，组织成立“上善若水俱乐部”，聘请专家教授为社区居民讲授《道德经》《红楼梦》等经典作品，提高社区居民文化素养；成立“好妈妈俱乐部”，聘请有关专家学者等作“家庭教育课堂”“漂亮

社区“星光艺术团”腰鼓队活动

女人”等系列讲座，倡导健康向上的生活方式，树立科学文明的生活理念；成立“青少年成长俱乐部”，推出感恩教育、国学小课堂等教育形式，促进了青少年健康成长。

陈叶翠以社区为家，视居民为亲人，时刻把群众的冷暖挂在心上，在社区这个平凡的岗位上作出了不平凡的业绩。用她自己的话说：“奉献社区是我无悔的选择，我将用我毕生的精力致力于社区建设，做人民的好公仆。”

供稿单位：济南市历下区甸柳新村街道办事处

卓长立

女，汉族，中共党员，济南阳光大姐服务有限责任公司董事长、总经理。曾经是一名济南染织厂的下岗工人，20多岁时，承包宾馆，长达10余年，带领60多名下岗女工实现了再就业，成为自立自强再就业典型。2003年受济南市妇联委托，二次创业，接手“阳光大姐”，全身心投入家政事业。她以服务大局为担当，以安置就业为己任，用“安置一个人，温暖两个家”“责任加爱心”等朴素理念，通过“阳光大姐”这一就业创业平台，把党的温暖传递给员工，传递给家庭与社会，为推动中国家政服务业的发展作出了积极的贡献。她当选为第十二届、第十三届全国人大代表，荣获“全国五一劳动奖章”，并被授予“全国优秀共产党员”“全国三八红旗手标兵”等荣誉称号。

不忘初心，阳光大姐　要做一个有“根”的企业

——记济南阳光大姐服务有限责任公司董事长、总经理卓长立

卓长立曾经是一名济南染织厂的下岗工人。20多岁时承包宾馆，长达10余年，带领60多名下岗女工实现了再就业，成为自立自强再就业典型。2003年受济南市妇联委托，二次创业，接手“阳光大姐”家政服务公司，全身心投入家政事业。她以服务大局为担当，以安置就业为己任，用“安置一个人，温暖两个家”“责任加爱心”等朴素理念，通过“阳光大姐”这一就业创业平台，把党的温暖传递给员工，传递给家庭与社会，为推动中国家政服务业的发展作出了积极的贡献。

风雨中淬炼意志，向阳生长

自从1982年来到济南染织厂，卓长立每天都认认真真地上班去，快快乐乐地下班来，从没想到过有一天会离开心爱的挡车工岗位。然而，这一天还是来了。伴随着整个纺织业的不景气，济南染织厂也面临破产的危机。1992年，卓长立成为染织厂的第一批下岗人员。突然

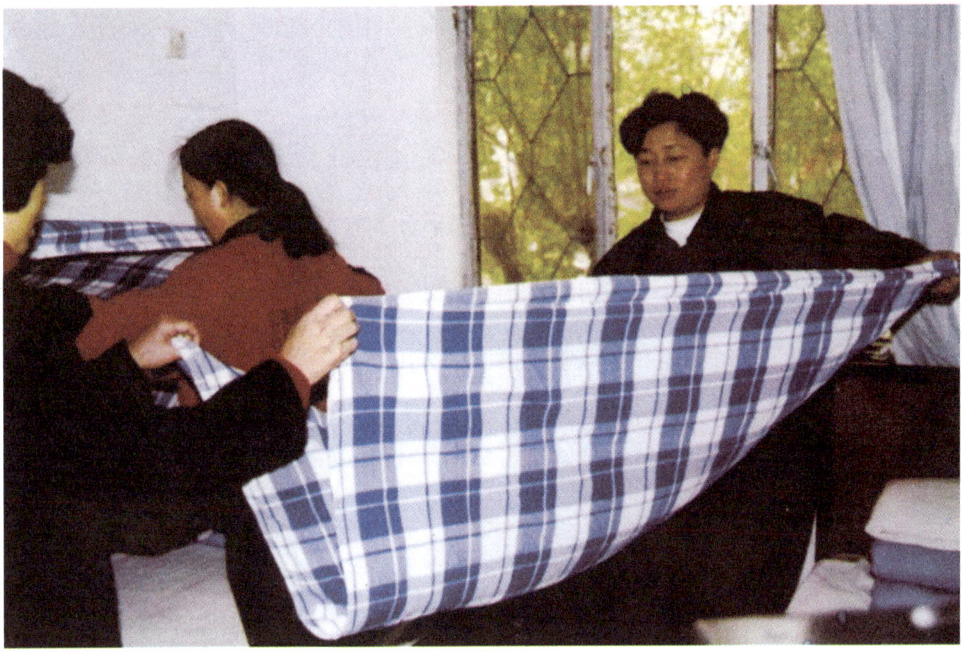

卓长立带领着一批纺织企业的下岗职工承包宾馆，实现再就业。

闲下来，卓长立很不适应，每天做完家务，就呆呆地望着窗外。听到外面传来的一阵阵自行车铃声，心里觉得空落落的。

下岗之前，服务公司的工作人员都是面向农村招收的合同工，相比之下，卓长立她们总有一种说不出的优越感。但是今天，差别没有了，心理难免不平衡。干净整齐的车间变为随时需要打扫、整理的客房，机器前跑跑转转换成没有规律的擦桌子扫地，同来的下岗姐妹们一个个打起了退堂鼓。卓长立知道，她们最不能适应的是由国家企业职工到宾馆服务人员的身份转换。自己又何尝不是？可眼前的形势怎么能容许你总沉醉在昨天的辉煌里？不踏踏实实地从现在干起，就意味着将失去一切。

卓长立抛开长期形成的思想偏见，彻底开始了下岗后的新转变。从服务员、洗衣工、锅炉工到餐厅的采购，她用自己的双手实践着基层的劳动，像掌握十八般武艺似的体验宾馆行业每一个环节的酸甜苦辣。这些劳动既磨炼意志，又增长见识。

为了实现自己的价值，也为了更多的姐妹们有工作，卓长立接下了每年26万元高额承包费的宾馆。从提高全体服务员的业务素质入手到强化市场经济观念，卓长立把自己的全部精力投入工作中。她始终保持着一名普通工人勤俭朴素的作风，和职工打成一片。厕所下水道堵塞，她挽起袖子亲自动手疏通；洗衣工有病请假，卓长立就替她洗好床单。几年来，她没有休过节假日，吃住基本在宾馆，即便是回家，也都要到晚上十一二点钟以后。如果宾馆有急事，即使再晚再累，她也要马上往回赶。这种干法，男同志恐怕也吃不消，可卓长立硬是挺了过来，并总结制定了一系列卓有成效的管理措施，宾馆效益逐年提升。

信任和感恩是一路前行的源动力

2003年，由济南市妇联创立的已运营两年的“阳光大姐”准备进行公司制改革，将其推向市场，市妇联在全市范围内寻找合适的带头人。成为带头人的条件有三个：对妇联组织有感情，对下岗职工有感情，有丰富的经营管理经验。这三个条件，卓长立全都符合。然而，那时的卓长立在承包宾馆，干得风生水起，十几年间，她把最初的一家宾馆做到了六家，员工由十几人增加到上百人。她本人更是获得再就业明星、劳动模范等多个荣誉称号，很多省、市领导都到她的企业去视察工作。

“我那时候衣食无忧，生活非常安逸，孩子马上要考高中，也想安安稳稳地过日子，多一些时间陪孩子、陪家人。但当妇联的领导找到

2001年10月，济南阳光大姐家政服务社正式成立。

我时，我觉得有责任把这副重担接过来。”

这种勇气从何而来？卓长立说了四个字：信任、感恩。

信任，是妇联领导对她的信任，把她从众多的济南女性当中选出来放到这个岗位上。

“我不是最好的，也不是能力最强的，但妇联的领导可能认为我是最合适的。”凭着这份信任，无论在工作中遇到什么困难，卓长立都义无反顾地坚持下来。她哭过、累过、委屈过，但她从来没有抱怨过，更没有放弃过。最艰难的时候，她也曾因为问题没有解决，连续三天不回家，吃住都在公司，心中只有一个信念：一定要把领导交代的工作做好，对得起领导的信任。

“除了信任，我还常怀感恩之心。”卓长立介绍，她本是一名下岗的纺织女工，是在省、市各级领导的关怀下，实现了第一次创业——

承包宾馆并取得成功，这次创业也改变了她的命运。“是党和政府培养了我、成就了我。尽我所能来回报党和政府，我责无旁贷。”

信任、感恩，就是凭着这份朴素的情感，卓长立十几年如一日，勤勤恳恳，把阳光大姐打造成全国性的家政金字招牌，将自己与企业的发展完全融为一体。

阳光大姐的基因是“温暖”

卓长立衣着朴素利落，谈起家政，滔滔不绝，充满激情。阳光大姐成立18年，卓长立在“掌门人”的位置上工作了16年。16年来，她把这个当初经营面积只有12平方米的小型家政服务机构发展成为全国家政行业翘楚，服务内容包含母婴生活护理、养老服务、家务服务和医院陪护4大模块，拥有12大门类、31种家政服务项目，服务范围涉及十几个领域。“阳光大姐”这四个字，甚至已经成为中国家政行业的代名词。

阳光大姐是为下岗失业人员、农民工、大中专毕业生等群体提供教育培训、就业安置，为家庭提供系统服务的家政机构。“‘让党的阳光照亮妇女的就业创业之路，把党的温暖送进千家万户’是阳光大姐企业文化的宗旨，也是阳光大姐这个名字的寓意。可以说，她在诞生时就拥有了红色基因。”卓长立介绍说。

经过18年的发展，阳光大姐从当初的一间小屋子演变为拥有200余家连锁机构的大品牌，累计培训家政服务员33万人，安置就业209万人次，服务家庭204万户。固定家政服务员6万多名，7000余人被评为济南市高技能人才，40余人被评为首席技师、突出贡献技师，阳光大姐被授予行业内首个“国家级技能大师工作室”“首席技师工作站”

等称号。

“这么多年来，阳光大姐真正坚守了创立时的红色初心。”卓长立自豪地说。阳光大姐提出“安置一个人，温暖两个家”的服务宗旨，为千千万万失业或生活困难的妇女提供了就业机会，让被安置的人得到温暖，让被服务的家庭也得到了温暖。

2018年3月8日，习近平总书记在参加十三届全国人大一次会议山东代表团审议时，听取了卓长立的工作汇报，对家政行业再次作出重要指示：家政业像“阳光大姐”这个名字一样是朝阳产业，既满足了农村进城务工人员的就业需求，也满足了城市家庭育儿养老的现实需求，要把这个互利共赢的工作做实做好，办成爱心工程。

在向习总书记汇报时，卓长立专门讲了秦翠慧的故事。来自沂蒙山区，只有小学文化，左手残疾的秦翠慧，在来阳光大姐之前，生活困难，找不到工作，甚至应聘饭店洗碗工都没有人愿要，一度只能以卖报纸为生。刚到阳光大姐时，秦翠慧非常自卑，低着头、缩着手，不敢同别人打交道。通过在阳光大姐的培训学习，秦翠慧脸上的笑容多了起来，性格也开朗多了。

“原来是我找工作，现在是工作来找我。”秦翠慧感触颇深。几年下来，她在济南买上了房，在山东省技能大赛中夺冠，还光荣地加入了中国共产党，当上了山东省劳模。现在，秦翠慧已是一名阳光自信的养老服务员。

在阳光大姐，像秦翠慧这样下岗、失业、生活困难的女工还有很多，她们通过阳光大姐走上了就业创业之路，生活重新被阳光照亮。带着这份阳光，她们走进了千家万户，用她们真诚的服务温暖着他人。

打造中国家政业的“阳光标准”

家政市场发展之初，由于缺乏行业规则，消费纠纷不断，用户不满意，服务人员委屈，陷入恶性循环。同时，在当前家政行业中，养老、月嫂、家务等项目常年供不应求，服务人员的技能满足不了消费者日益增长的实际需求，这种供需的结构性矛盾长期存在。为破解矛盾和难题，卓长立提出：“家政服务不再是简单的做饭、打扫卫生、看孩子，而是要形成以标准化为载体的系列家政服务产品。”

卓长立带领公司一班人，在全国家政行业率先实行服务标准化。万事开头难，新行业还没有既成标准，经过一系列的创新探索实践，阳光大姐逐步搭建起国家级家政服务标准体系，为家政服务项目的每一个环节都制定了标准流程，把业务管理的每个过程也用标准来规范。

目前，阳光大姐已制定各类企业标准1100项，并起草制定了9项山东省地方标准和7项国家标准。正是因为有了标准这个“度量尺”，用户清楚了各项服务的职责范围，服务员也不用为超范围服务得不到用户理解而烦恼，投诉量明显减少，服务满意度由最初的70%上升为98%以上，阳光大姐牢牢掌握了行业话语权。

2005年，阳光大姐在家政行业率先通过了ISO 9000认证。2007年，成为首批省级和国家级服务业标准化试点单位，成为首批国家级服务业标准化示范单位、示范项目。2012年，承担全国家政服务标准化技术委员会秘书处工作，连续多年承办全国家政经理人、师资标准化培训班、普及推广标准化等活动。“标准化不仅使阳光大姐受益，现在

2013年3月，全国家政服务标准化技术委员会成立大会在阳光大姐召开。

也影响着全国的家政行业和更多的服务行业关注标准化、运用标准化。每年来阳光大姐考察交流的人员达4000多人次。”卓长立说。

目前，阳光大姐建设的位于济南市新旧动能转换先行区的近5万平方米全国家政服务标准化示范基地已经落成，能够发挥教育培训、研发、信息化、产业推广等方面的集聚作用，未来这里将成为输出标准、输出管理模式的基地。

阳光大姐还与公安部身份验证平台联合开发了以标准化为支撑的“家政服务诚信平台”，并已于2018年上线运行，用户能够及时查验服务员信息，了解家政服务员从报名、培训、服务到用户评价的全过程，形成可追溯体系，让服务更安心。

“标准化是帮助企业养成良好习惯的科学有效工具，一个标准可以催生一个产业，我国的服务业要实现高质量发展尤其需要标准化。”卓长立不仅是标准化的受益者，更是标准化的推广者和实践者。

用“雷锋精神”推动家政行业高质量发展

随着经济的发展、社会的进步，人们的生活水平越来越高，人们追求美好生活的愿望越来越强烈，对家政行业的要求也在不断升级。

“习近平总书记等党和国家领导人，多次对家政行业的发展作出过重要指示，我本人更被评为全国优秀共产党员，并被推选为全国人大代表。跟16年前一样，党和国家的这份沉甸甸的信任，将继续督促和鞭策我更加努力前行。我会按照习总书记的指示，把家政行业当作一项事业来做，做出更大的成绩。”卓长立说。

“阳光大姐一直在学雷锋，今天又提出了‘雷锋伴我行，阳光进万家’。我认为这是三大需要：一是践行社会主义核心价值观的需要，二是推动阳光大姐实现高质量发展的需要，三是打造家政企业和行业发展核心竞争力的需要。社会主义核心价值观就是企业的核心竞争力，是推动家政行业高质量健康发展的最大新动能。这也是我们落实习总书记要求阳光大姐把家政当作事业来做的具体措施。”

在卓长立看来，雷锋精神的核心是爱党爱国、忠诚担当的理想信念，是干一行爱一行、专一行精一行的敬业精神，是锐意进取、自强不息的创新精神，是艰苦奋斗、勤俭节约的创业精神，是服务人民、助人为乐的奉献精神。这与阳光大姐的职业精神是不谋而合的。

卓长立说，家政业发展到今天，如果仅靠娴熟高超的技能，就只能处在发展的初级阶段，这是远远不够的。没有先进思想的引领、没有职业道德的约束、没有诚信体系的建设，家政行业就不会有更好的发展。

阳光大姐雷锋展览馆成为广大员工的思想教育基地

“为什么都说，找一个好保姆比找一个好媳妇都难，其实难的不在于家政服务员的技能水平，而在于包括职业道德、思想境界在内的意识形态的东西。”

阳光大姐的服务员们带着雷锋像章走进千家万户，《学习雷锋好榜样》的歌声每天都在阳光大姐公司唱响，《雷锋日记》被广为传诵。公司还将开展学雷锋演讲比赛，成立雷锋精神宣讲团，开展学雷锋评选表彰等系列活动。阳光大姐自建的雷锋纪念馆已成为家政服务员的培训基地和广大市民的红色教育阵地。

雷锋精神是永恒的。卓长立正在倡导全国3000多万家政服务员学习雷锋精神，争做“雷锋式家政人”，号召全社会共同努力、共同行动，让雷锋精神促进家政行业高质量发展。

2019年，阳光大姐18岁了。人生的18岁是最好的年龄，18岁的阳光大姐，也一如人生的花样年华，绽放出最美丽的花朵，放射出最耀眼的光芒。说起阳光大姐一路走来取得的成绩，卓长立无比自豪：“阳光大姐，是一家有根的企业。就像一棵树，把根深深地扎进土壤里，逐步成长为一片树林，为更多的人挡风遮雨。”

供稿单位：济南市市中区委宣传部

1963—2011 # 孟祥民

男，汉族，1963年8月出生，1981年10月入伍，1985年2月加入中国共产党，1996年8月转业后进入淄博市淄川区环保局工作。历任淄川环保分局监理站科员，罗村、磁村、龙泉镇环保站站长，环境监察一科科长等职务。孟祥民是一位一心为公、心底无私的环保人。即使家境穷困，权力和金钱也没能使他逾越做人的底线。他是一位硬汉，一颗知性的心中蕴含着巨大的勇气，在不解、对立和恐吓面前仍然秉持公正执法、为民执法的理念。他用15年忠诚守护淄川的碧水蓝天。2011年7月25日，孟祥民因病去世。同年8月，被中共山东省委追授为“山东省优秀共产党员”，2013年，被评为“第四届全国道德模范”。

站着是座山，躺下是条河

——记“环保卫士”孟祥民

孟祥民是一位一心为公、心底无私的环保人。即使家境穷困，权力和金钱也没能使他逾越做人的底线。他是一位硬汉，一颗知性的心中蕴含着巨大的勇气，在不解、对立和恐吓面前仍然秉持公正执法、为民执法的理念。他用15年忠诚守护淄川的碧水蓝天。

精神，在人们心中闪耀光芒

孟祥民对待他钟爱的环保事业远远胜过对待自己的生命。

“人总有一死，没什么大不了的，只要我身体还行，就让我多做一些工作吧。”这是他在2008年8月确诊结肠癌后，面对生命中的不可承受之重，面对组织上立即住院治疗的坚定要求时说的话。简单话语中，折射出一名共产党员的博大胸怀和大无畏的崇高精神。

重病在身的孟祥民并没有因此而停下来，他似乎忘记了或者从没认为自己是一个随时会被癌症夺去生命的病人。

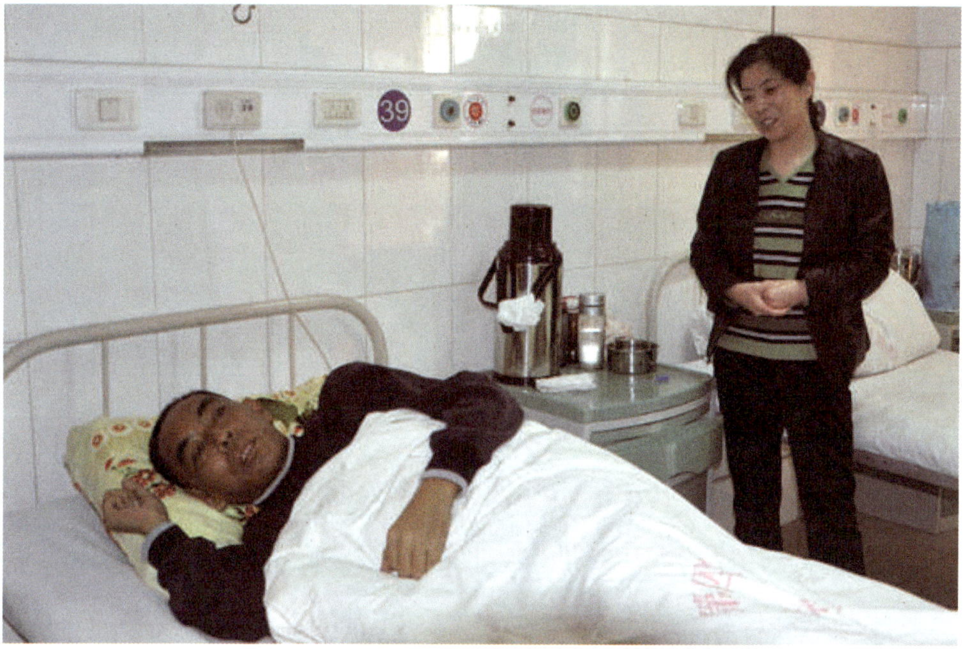

孟祥民住院治疗

在癌症确诊到二次住院治疗的近30个月的时间里，除了做化疗的时间外，他几乎一天都没休息。2008年12月，即使面对癌细胞大面积向肝部转移的危险境况，也没能放下他牵肠挂肚的环保工作。在做了结肠手术后，仅仅休息了两个月，孟祥民就拖着带病的身躯重新回到了自己的岗位上，他经常连续几天夜查，在险难的突发事件中总是率先冲在最前面。同志们都怕他身体吃不消，劝他多休息，他却每次都是淡淡地说："没事！"让在场的每位同志既心疼又感动。

一份坚韧，一份秉持，依靠精神的力量，孟祥民一直在工作中践行着人生的价值。他边工作边治疗，先后做了22次化疗、2次介入手术，每次治疗后，他都会满怀激情地投入工作中，并出色完成了小炼铁关停取缔、煤气炉整治、非法排污案件处理等工作，打赢了一系列艰巨的环保攻坚战。

病魔虽无情，人间有真爱。在与病魔苦苦抗争了900余天后，由于病情的急剧恶化，他不得不再一次住院。这一天，是2011年2月8日。

手术后，孟祥民醒来的第一句话，就是和前来探望他的同事们询问起几项没结尾的工作，了解局里最新的工作部署，令在场的所有同事亲朋为之动容，禁不住潸然泪下。共事多年的牛兵哽咽着说："祥民，一定要挺住，我们离不开你……"

值得一提的是，在医院治疗期间，在如潮的探视队伍中，前来探望的不仅有孟祥民的同事、朋友，区委、区政府的主要领导，还有许多来自企业的人士及老上访户。

从事环境监察执法工作难免得罪人，在探望的人群中不乏企业老板和厂长、经理。山东鲁维制药有限公司副总经理丁乃坤说："我们在孟队长的督促和建议下，投资5000余万元升级改造了污水处理设施，使全部废水回用，仅此项目每年就节约成本近千万元，是孟队长的耐心启发让我们懂得，过去长年排污就是在白白浪费钱啊。"

淄博峰霞建陶有限公司总经理刘德峰动情地说："祥民每次来公司检查都有意避开吃饭时间，而且检查完就走，我们认识两年多了，还没在我们这吃过一次饭呢。公司的煤气发生炉有次排放超标，祥民给我们下达限期治理通知后，及时帮我们修改完善了治污方案，使我们少走了不少弯路，让我们成了我区建陶行业的样板。这次他因公病倒了，我一定要代表公司来探望，不然心不安啊。"

在上访过程中与孟祥民结成朋友的"老上访户"老刘，听闻孟祥民住院的消息，第一时间就赶到了医院，一见面就眼含热泪握住他的手动情地说："好人，我们都盼着你回去，还有好多话要跟你说呢！"

……

如潮的人群，汇集成爱的洪流，在孟祥民病倒的那一刻，环保人崭新的形象在人们关爱和理解的眼光中屹然矗立，化作一座不倒的丰碑。

在外人眼里，孟祥民的工作是出色的；但对于家庭，他是不称职的，他把生命中最珍贵的时间都奉献给了环保工作，留下的却是一个一贫如洗的家庭。然而，当我们置身于这个家中，接触每一个他的家人时才发现，他们充满了精神的力量。

自从孟祥民病倒后，年迈的父亲为儿子的病情天天辗转难眠，原本花白的头发一夜全白了，但是一看到日新月异的环境变化，总能从儿子身上找到引以为傲的理由。下岗多年的妻子刘爱清由于长期在病床前看护已然十分憔悴，面对将来的生活，她相信有丈夫的精神支持，她定会坚定、坚强地走下去。正在读大二的女儿孟小茜提起爸爸时，含泪的眼睛中透着坚毅，虽然爸爸病倒了，但她从爸爸身上学到了做人做事的道理，立志做一个像爸爸那样对社会有益的人。为了能让爸爸输上更多的血，她偷偷地去献了400毫升血。

秉性，在坚守中诠释责任

了解孟祥民的人说，他工作忘我、严谨认真，更讲原则。

1996年8月，当了16年兵的孟祥民，从副营职干部转业到了淄川区环保局。面对淄川老工矿区产业特性所带来的巨大环保压力，他深知：没有一点"精神"是做不好环保工作的。

工作中的孟祥民

他从最基层学起，经过竞争上岗，先后担任罗村、磁村、龙泉镇环保站站长，监察大队副大队长，排污收费科科长，后任监察大队监察一科科长。多年的军旅生活，对孟祥民自身性格养成起到了关键作用，忠诚奉献、爱岗敬业、克己奉公的自我要求一直伴随并影响着他的工作。

2001年8月，群众举报罗村千峪乙炔厂无任何手续就违规生产，要求予以查处。该厂紧邻千峪村，时值盛夏，院内堆满乙炔气罐，气温近40℃，阳光暴晒下的乙炔气罐像一颗颗炸弹，如果发生爆炸，将危及千峪村4000多人的生命财产安全。险情就是命令，孟祥民心急如焚。

汽车犹如离弦的箭，载着孟祥民的勇气，载着环保人的责任和对环保事业的热爱与忠诚，第一时间开往现场。经调查核实，该企业为“三无”企业，存在巨大安全隐患，需要坚决予以取缔。在紧急对气罐降温处理后，孟祥民随即协同当地政府对该企业进行了彻底取缔，对涉案人员进行了处罚，让这起紧张的环境突发事件得到妥善解决。

2008年冬天，淄川利民污水处理厂进水连续几天凌晨2点左右超标，如不及时查明原因，将导致污水处理厂整体运转瘫痪，并且短期内将无法恢复，未经处理的污水直接排入孝妇河，对全区的环境质量会造成严重影响。

数九寒天，滴水成冰的季节，孟祥民接到命令，立即带队分成两个小组进行接替夜查。他自己全程参加，带着队员步行从留仙湖到贾村水库，顺着排污管线认真检查。凌晨3点多，当检查到离污水处理厂100米左右时，发现有一辆罐车开到了一个院内，随后大门关上了，行迹非常可疑，院墙有2米多高，外面什么也看不到。

为一查究竟，孟祥民爬到院墙上观察，发现他们在利用观察井偷排废水。他来不及告诉在外面等候的同志，自己跳到院内严词制止，违法排污人员非但不听，反将他挟持起来威胁道："别好日子不过自找麻烦，小心我找人打断你的腿！"孟祥民凛然一笑："我走得正，立得直，依法行政，怕你什么？"见恐吓不成，他们又将笼子里的狗放了出来，狗张牙舞爪地向他扑来，他见势不好，凭借多年在部队锻炼出的过硬素质一跃上了院墙，但即便这样，小腿还是被狗咬了一口，鲜血直流。同一时间，公安干警也到达现场，在事实清楚、证据确凿的情况下，违法排污的两人被拘留，车辆被查扣，违法者得到了应有的下场。

孟祥民对企业排污秉公执法，对同学朋友也讲原则。有一次，他的办公室传来了争吵声："就这么点事儿，你老同学帮一把，我就过去了。”面对情绪激动的老同学，孟祥民耐心地解释道：“你的饭店确实噪声超标，不真正解决，日后居民投诉你也是个麻烦事……”后来，在孟祥民的帮助下，那位老同学认真整改并从根本上消除了扰民隐患。

熟悉环保工作的人都知道，环保权力在环保意识持续加强的大环境下，张弛之间就能左右一个企业的生死存亡。孟祥民长期战斗在环保执法的第一线，随时面临着来自被执法单位的利益诱惑。

2004年春天，全区一场声势浩大的煤气发生炉使用企业综合整治行动如火如荼地开展，对达不到限期整治标准的企业将依法予以关停。孟祥民时任罗村环保站站长，辖区涉及建陶企业几十家。一天晚上，一家未能在规定时间内达到治理标准的企业，在经过四处托关系说情都无济于事的情况下，亲自找上门来请求孟站长能高抬贵手，睁只眼闭只眼放企业一条生路，并亲手送上2万元现金。孟祥民坚决制止了这一行为，并严肃地对他说：“请你自重，收起你的钱，不拿走的话我明天就拿到纪委。你应该了解我孟祥民的为人，绝不做知法犯法的事情。”来人看到孟祥民坚决的姿态，收起钱灰溜溜地走了。

这些年来，请客送礼的事情孟祥民没少遇到过。面对金钱，孟祥民比谁都渴求，谁又能想到一个手执环保执法权十几年的人，身后却是一个穷困异常的家庭：年迈的父母是地道的农民，常年用柴草做饭，偶尔进城看儿子，连基本的液化气灶都不会用；下岗多年的妻子，由于家庭原因至今没找到合适工作；女儿正在读大二。一家人的生活开支仅靠孟祥民的工资收入，月月捉襟见肘。单位两次集资建房，孟祥民都因家庭困难而放弃买房，一家人住在不足70平方米的老房子里，生活的窘况外人难以理解。

穷困之时方显真金本色。孟祥民面对方方面面的人情、上上下下的压力，他始终平心静气，不畏权势，敢于碰硬，秉公执法。有人不理解，说他办事太“死性”，不近人情，但孟祥民始终认为：无欲则刚，只有清清白白做人，才能挺直了腰杆做事。

人和，环保也讲和谐

在世人眼中，环保与企业是天生的冤家对头。然而，与某些地方企业老是和环保局躲猫猫大相径庭的是：孟祥民每到一家企业，遇到的都是笑脸迎送，那亲切劲儿跟自家人似的。熟悉情况的人都知道，鲜明对比的背后，是孟祥民践行和谐执法的理念起了效果。

山东烨达耐火材料有限公司是双杨镇的一家民营企业，建厂之初由于对环保政策了解不透，建设的方窑运行不到半年，就因不符合环保要求而上了限期治理名单。下达停产整治通知的就是时任杨寨环保站站长的孟祥民。

当了解到该企业为多方筹资的新建企业后，孟祥民没有坐视不理，也没有简单一关了之。为了不让企业治理走弯路，他亲自查阅资料，研究耐火行业的生产特点，最后他给企业提出了建议：要一步到位上马天然气隧道窑，实施清洁能源生产。通过高标准治理，该企业成为全区第一家使用天然气的耐火企业，先人一步抢占了市场商机，取得了良好稳定的经济效益。总经理高兵说，孟站长就是让人敬佩，这样为企业着想的“官”我们服气。

“执法过程中讲人情味儿，又不失执法的严肃性。”这是与孟祥民打过交道的企业的普遍认识。

工作中的孟祥民

长此以往，和孟祥民打过交道的人都服气了，这个人总是换位思考，执法严，讲艺术，和风细雨中让人心服口服，连跟着孟祥民一块去检查企业的年轻人都觉得腰杆直直的，肩上的徽章亮闪闪的。

孟祥民在监察大队工作期间，不仅解决了大量环境污染问题，还有效解决了一些棘手的投诉上访问题。

有位姓刘的“上访专业户”，他经常投诉建筑工地夜间扰民的环境问题，环保分局的人几乎都知道这人，脾气犟，爱管闲事。当时老刘盯住一个在建工程的噪声不放，不分昼夜地打电话投诉。有一天，突然投诉没有了，大家感到很纳闷儿。原来是孟祥民把自己的手机号给了老刘，耐心跟他解释，同时把昼夜去现场的活一人默默地承担下来。那段日子里，他的双眼都布满了血丝，他的无私精神让老刘“打心窝子”感动了。“孟队长是个特别实在的人，经常不声不响地帮我分担群众信访方面的事。”时任环保分局信访科科长的黄东远如是说。

孟祥民常说：“对待上访的群众要有耐心，老百姓有问题找我们，我们就有责任解决，要站在他们的角度看问题，避免过激行为，我们要用尽全力获得老百姓的理解。”他是这么想的，也是这么做的。

时间一长，像老刘一样，众多上访户和孟祥民“处出了感情”，不管在哪里，不管时间有多晚打电话，孟祥民一定会接。只要和他们约定了时间地点，他一定会准时出现在他们面前，老刘就感叹：“他没有架子，他信守承诺，他想把全区的环境问题都解决好。”

“人这一辈子，站着就得像一座山，堂堂正正，光明磊落；躺下就得像一条河，滋润大地，泽被后世。”这是他在生命最后一刻留给环保一线的战友和家人的精神力量。

站着是座山，躺下是条河，这就是孟祥民。

供稿单位：中共淄博市淄川区委宣传部

赵志全 1956—2014

男，汉族，临沂市费县人，中共党员，鲁南制药集团股份有限公司原党委书记、董事长、总经理。1987年10月25日，他在临沂地区首家企业承包经营试点中中标担任郯南制药厂（鲁南制药前身）厂长，用27年的时间把一个净资产不足20万元的小厂，建设成为一个净资产60亿元、年缴税9.2亿元、具有国际竞争力的现代化制药集团公司，为促进沂蒙老区地方经济发展、带领群众脱贫致富作出了突出贡献。他曾当选山东省第八届党代会代表，第十届、第十一届、第十二届全国人大代表，获得“全国五一劳动奖章”，被授予“全国劳动模范”荣誉称号，享受国务院政府特殊津贴。2016年9月，被中共中央宣传部追授“时代楷模”荣誉称号。

改革潮头写担当

——记鲁南制药集团股份有限公司原党委书记、董事长、总经理赵志全

赵志全同志一生致力于振兴民族医药，享受国务院政府特殊津贴，入选山东省“泰山学者攀登计划”。他曾被授予“山东省优秀共产党员”“山东省科学技术最高奖”“山东省十大杰出工程师”“山东省100位为新中国成立、建设做出突出贡献的英雄模范人物”“第四届全国十大杰出青年企业家”“国家有突出贡献的中青年专家”“全国劳动模范”“第二十届中国企业十大人物”等荣誉称号，并获得“全国五一劳动奖章”。2015年11月，被山东省委宣传部追授“齐鲁时代楷模”荣誉称号。2016年9月26日，被中宣部追授“时代楷模”荣誉称号。

赵志全同志是在党的培养教育下、沂蒙革命老区改革开放进程中成长起来的企业家。他用27年的时间，把一个净资产不足20万元、濒临倒闭的小厂建设成为一个职工1万多人、净资产60亿元、年缴税9.2亿元的现代化制药集团公司，为促进地方经济社会发展、带领群众脱

1987年10月25日，赵志全同志在竞聘成功后签字仪式上讲话。

贫致富作出了突出贡献。他的先进事迹充分体现了改革创新、勇于担当、敬业奉献、造福社会的价值追求和精神风貌，深刻回答了“如何做人、如何做企业家、如何做新时期共产党员”的问题，是新时期沂蒙精神的集中体现。

赵志全是改革创业的典范。1987年10月25日，郯南制药厂成为临沂地区首家公开招标承包经营的试点对象。年仅30岁的赵志全一举中标担任厂长。当时这家制药厂账面上只有19万元净资产和2万元贷款，仓库原料仅能维持3天，人心涣散，濒临倒闭。刚一上任，赵志全就大力推行人事制度、劳动制度、分配制度三项改革，走上“以改革为动力”的发展道路。1994年前后，乘着股份制改革的东风，赵志全将企业改组为山东鲁南制药股份有限公司，并在当年11月进一步推行分配制度改革，按劳分配，摒弃大锅饭、平均主义的陋习。他的做法引起既得利益者的强烈反对。面对各种困难，赵志全常说的一句话是：“不管改革的路有多难走，我就认一个理，为了企业的发展、职工的利益，不改革不行。改革也许会失败，不改革一定是死路一条。”

1996年，面临银行断贷、货款回收不到位的严重困难，赵志全立下“完不成任务就自动辞职”的军令状。为了拓展市场，他亲自带领业务人员辗转全国，靠着这种“拼命三郎”精神，使企业当年即实现利税5000万元，增长近6倍，成为企业发展史上的一个重要里程碑。

2002年，鲁南制药已经发展成为在全国具有较高知名度的中西药兼产企业，当所有人都认为应该松口气、好好享受的时候，他又作出“投资100亿元建设新时代药业”的决定。赵志全同志提出并发扬“不怕困难、挑战困难、战胜困难”的鲁南精神，咬定目标毫不动摇，推进改革坚定不移，终于实现了企业跨越发展。2014年，鲁南制药集团位列中国大企业集团竞争力500强，净资产60亿元，连续7年荣登山东省纳税百强榜。

赵志全是科技创新的先锋。他始终秉持重视科技、尊重人才的创新理念。2001年以来，鲁南制药每年科研经费的投入占销售收入的比例都在7%以上，最高年份高达18%。面对这么高的科技投入，许多人不理解，赵志全的回答很简单：创新是企业发展的源泉，只有深化企业改革、强化科技创新，企业的发展才会有不竭活力。为了建立自己的研发团队，赵志全把人才放在企业发展的重要位置，无论是薪酬还是福利待遇都首先向科技人才倾斜。2000年，公司规定博士月薪为8000元，硕士为3000元，这在当时的沂蒙山区可谓轰动一时。2006年，公司还给每个博士免费配备了一辆崭新的桑塔纳轿车和一套130平方米的住房。科研人员的薪酬比总经理的薪酬还高，这成为鲁南制药一道独特的风景线。

多年来重视人才和科研，让鲁南制药集团不仅成为一家生产企业，更成为一家具备了独立研发能力的集中药、西药、生物制药于一体的创新型企业，为振兴民族医药产业作出巨大贡献。在赵志全带领下，公司拥有了一支由20多名博士、1200多名硕士组成的优秀科研团队，设有国家认定企业技术中心、博士后科研工作站、国家手性制药工程

赵志全参加国家科学技术奖励大会时接受中央电视台采访

技术研究中心、哺乳动物细胞高效表达国家工程实验室、中药制药共性技术国家重点实验室等高位研发平台，先后完成200余项科学研究课题，其中国家重大项目79项。该企业有128个项目获得科学技术进步奖，其中国家科学技术进步二等奖6项、省科学技术进步奖20项；申报国际、国内专利782项，已获授权专利452件，授权并维持有效专利数量居国内医药企业第二位；申请注册商标1383项，已获注册证1328个。“鲁南”商标被国家工商行政管理总局认定为中国驰名商标。

赵志全是勇于担当的企业家楷模。他始终坚持“造福社会，创造美好生活”的宗旨，勇于担当社会责任。他常说：“企业家做小了是为自己，做大了就是为社会。我们企业大了，社会责任更大了，要服务沂蒙，放眼全国。”为推动企业实现可持续发展，赵志全把“环保、质量、安全”作为企业长青的基石，不断加大环境治理投入，投资9600

万元建设了大型污水处理站，投资1.86亿元建成万吨污水处理中心，投资近2亿元完成了一系列重大环保技改项目。

面对就业难的社会问题，赵志全每年招收几百名甚至上千名大学生，还把一部分就业名额留给下岗职工，目前职工队伍已经有1万多人。为了让员工共享发展成果，赵志全先后投入8亿元建设了3000多套住房，投资5000多万元建设了两座现代化的省级规范化幼儿园，投资2亿元建设了大量文体场所和设施。职工的健康体检、取暖、婚姻、孩子入托入学、福利、学习、休闲度假等，他无不一一关注。在鲁南制药集团的员工中间流传着这样一句话："你不到鲁南来，就不知道赵总对鲁南人有多好。"这是他们发自内心的声音。

赵志全积极回报社会，带领当地群众脱贫致富。1999年，鲁南制药收购了经营不善的沂蒙中药厂，接收了全部职工，并承担了企业450万元的资产负债。在费县投资建设了万亩金银花生产基地，完善了生产加工产业链，使金银花成为"致富花"，仅此一项，群众人均年增收1100多元。27年来，赵志全在扶危济困、捐资助学、打井修路、抗震救灾中踊跃捐款捐物，累计近亿元。在他离世之后，临沂地区数万职工群众自发组织为他送行，缅怀他为职工、群众、家乡、社会所作的贡献。

赵志全是共产党员的优秀代表。作为一名党员企业家，他始终牢固树立正确的世界观、权力观、事业观，无私奉献、勤勉工作，展现了优秀共产党员的高尚品格和廉洁操守。他常说："怎样当好共产党员？就是听党话、跟党走，吃苦在前，享受在后，让群众说共产党好。"

2010年，赵志全同员工一起用餐。

赵志全严于修身，严于律己，生活作风严谨，从没有风言风语出现过，被称为是一个心中只有企业的“纯粹的人”。他为造福社会不惜千金，对自己却“很抠”，一台普通桑塔纳跑了60多万公里，直到报废了才换掉；一套40平方米的房子住了20多年，而职工们都先后住上了100多平方米的新房，直到最后房子面临拆迁，他才和员工一起搬进企业的自建房，一辈子没给自己和家人留下一套属于自己的房产。

为了企业的发展壮大，赵志全殚精竭虑、呕心沥血，工作最紧张的时候，曾经9天时间跑遍了东北3个省18个城市，在腿部骨折的情况下，他硬是坐着轮椅，让工作人员推着上了飞机。长期的过度操劳，2002年赵志全被确诊为胸腺癌晚期，但他隐瞒病情从未长期住院治疗，始终坚持每天工作12小时以上，直至生命最后一刻。赵志全去世后，在女儿赵龙的悼词中，鲁南人才知道真相，“爸爸在热爱的员工们面前是意气风发的带头人，自己却独自承受着所有的压力和痛苦。爸爸不能割舍对企业对员工的责任和使命，要给大家勇往直前的信心和希望”。他罹患癌症的12年，也是鲁南制药集团发展最快的12年。

赵志全在遗嘱中提出了新的领导班子人选，里面没有出现妻子、女儿的名字，新的领导班子成员也和他非亲非故。而在此之前27年的经营管理中，除了和他一起创业的夫人龙广霞外，没有一位亲属在公司担任中层以上领导职务。许多人对此感到百思不得其解，而赵志全在亲情私利和企业的长远发展之间，毅然选择了后者，走出了民营企业家惯常的思维定式，展现了勇于牺牲、敢于奉献的无私情怀。

供稿单位：中共费县县委宣传部

殷树山 1926—2017

男，中共党员，1990年从威海外贸公司副总经理、冷藏厂党支部副书记岗位离休，生前系威海市环翠区环翠楼街道塔山社区居民。他对党忠诚，信念坚定，奉献终生，直至与老伴双双捐献出遗体。他是一名优秀的离休干部，他退而不休，积极作为，服务人民，一辈子持之以恒地做好事；他是一名优秀的志愿者，他关心弱势群体，雪中送炭，扶危济困，累计向社会捐款100多万元；他是一名优秀的社区居民，他崇德向善，立身为范，以德化人，为社会和谐作出积极贡献。他用一生的追梦坚守和生动实践，谱写了一曲动人心弦的共产党员奉献之歌。荣获“山东省优秀共产党员”“全省关心下一代先进工作者”“全国离退休干部先进个人”“全国社区志愿者先进个人”“全国好邻居标兵”等荣誉称号。2018年5月，中共山东省委宣传部追授殷树山“齐鲁时代楷模”称号。

初心的光芒

——记全国离退休干部先进个人殷树山

殷树山，1926年3月出生，18岁参军，20岁入党，参加过抗日战争和解放战争，1948年转业到地方工作，1990年从威海外贸公司副总经理、冷藏厂党支部副书记岗位上离休。

殷树山和老伴刘彩凤，是一对普通的社区老党员，一生怀着共同的理想信念，为党许身写忠诚。他们心系社会，捐资助学，60年捐款100多万元；他们扎根社区，温暖百姓，坚持30余年在社会上做好事；他们活得纯粹，献得彻底，生命的最后双双承诺捐出遗体……他们用一生的实际行动践行了共产党员对党的无限忠诚，对祖国的一片赤诚，对人民的一腔挚爱，兑现了他们“党员永不退休，活一天就要奉献一天”的庄严誓言。

2017年8月22日，这位曾荣获“山东省优秀共产党员”“全国离退休干部先进个人”“全国社区志愿者先进个人”“全国好邻居标兵”等殊荣的老英雄走了，走得很平静，很安详。

殷树山走后，他生前所在的单位领导和同事来看他了，社区的居民来送他了，一些仰慕老英雄的群众也来了，灵堂内外哀乐低鸣，前来送老英雄最后一程的人们又一次回忆起老英雄的一生。

有一种信念叫忠诚

20岁入党，71年党龄，经历过战火淬炼的殷树山，始终认为坚定理想信念，坚守共产党人的精神追求，是共产党人安身立命的根本。

一张张红彤彤的党费收据，就如同老人的一颗红心，凝聚着一名共产党员对党组织的无限忠诚。2017年5月15日，老伴刘彩凤去世后的第22天，身体已经十分虚弱的殷树山，拨通了威海市委老干部局的电话："老伴生前留下了遗愿，让我再替她交一次特殊党费，这也是我目前最大的心愿。"1个小时后，市委老干部局的两位工作人员来到塔山社区小书屋，为两位老人办理接收特殊党费的相关手续。"老伴的退休工资还剩1.6万元，加上我的一共是4万元，我们两个人每人交2万元。"殷树山用枯瘦如柴的双手，郑重地递上了他和老伴的最后一笔特殊党费。自2003年上交第一笔1000元特殊党费起，10多年间，殷树山和老伴刘彩凤陆续交纳特殊党费12万余元。

坚定的信念，无限的忠诚，来自他坎坷朴素的人生经历与切身感悟。1938年，日军侵占威海时，殷树山刚满12岁。他亲历过日军飞机疯狂的轰炸，遭受过日伪军无情的"扫荡"，眼见家园被毁、生灵涂炭，激愤的火焰在他的胸膛中燃烧。1944年，殷树山毅然参军，立志保家卫国，参加过大小战斗10余次。最惨烈的一次是1947年的胶县玉皇庙战斗，300余名战士被1700多个敌人"围剿"，突围之后幸存的

2017年9月28日，老党员传承革命精神，庆祝祖国生日。

战士仅剩40余名。作为幸存者的殷树山，毕生难忘牺牲的战友。他常说："我们的幸福日子是革命烈士用鲜血换来的，如今吃得饱穿得暖，这一切都是党给的。"他一生最爱的一首歌是《没有共产党就没有新中国》，这首歌年年回响在塔山社区。

坚定的信念，无限的忠诚，来自他一生勤耕不辍的学习。离休前，他在外贸冷藏厂任党支部副书记时就是一名好党员、好党务工作者，离休后回到社区，他更是以优秀共产党员的标准严格要求自己，一生都在锤炼自己的党员本色和政治品格。无论身在企业还是社区，他都坚持学习党的理论和路线方针政策，从党的历次全会精神到党员先进性教育、党的群众路线教育以及"三严三实""两学一做"学习教育，他都积极参与，认真学习，亲手书写心得体会百余篇。每年的"七一""八一"，殷树山不是走进军营慰问部队官兵，就是走进学校给学生们讲党史。

有一种情怀叫奉献

殷树山老人不一定能把“奉献”这个词解释透彻，却用生命的轨迹把奉献精神演绎得淋漓尽致。殷树山时刻把身边群众疾苦放在心上，慷慨解囊，有难就帮，用实际行动彰显了共产党员的无私大爱。1951年，25岁的殷树山在荣成工作时，遇到一个连写字板都买不起的男孩彭寅生。他资助这个男孩上学十几年。后来，彭寅生顺利地考入北京大学，事业有成之后仍常来探望殷树山夫妇。彭寅生是殷树山公益之路的起点。此后的60多年里，他和老伴资助了数百名贫困学生，改变了许多寒门学子一生的命运。

2012年12月10日晚，一个雪后的寒冷冬夜，480名入伍新兵即将乘车奔赴各地。在送兵现场，一对老夫妇含着热泪送别一个年轻小伙的画面，令许多人感动不已。这对老夫妇就是殷树山和刘彩凤，新入伍的小伙子则是两位老人资助了10年的学生赵杰。身为老兵的殷树山像疼孙子一样疼赵杰，赵杰穿上戎装接过了自己的接力棒，他由衷地高兴，嘱咐赵杰，要做个好人，当个好兵，保家卫国。

为了开展常态化系统化捐助，2013年威海市慈善总会首次推出个人（家庭）冠名慈善基金时，殷树山夫妇就第一时间捐款5000元，成立家庭冠名慈善基金。此后，每年他们都会向该慈善基金捐款，至今已累计捐款77800元，主要资助贫困学生、孤寡老人、困难家庭等弱势群体。2015年，年年拥军的殷树山夫妇又捐款1万元，设立了威海市首个拥军基金。“这样我们俩即使都不在了，也能坚持开展几年拥军活动。”在威海市档案局的档案室里，保存着殷树山夫妇历年来的捐款、汇款收据，每年至少有十几张：2008年2月，南方雨雪冰冻灾害，捐1000元；2009年5月，汶川大地震捐4500元；2010年，南方6个省旱灾、青海玉树地震，捐3000元……捐款次数之多、惠及人群之广令人动容。据统计，这对普通老党员一生中各类捐款总额为100多万元。

有一种责任叫担当

“我是一名老党员，做党的事，说党的话，只要有一口气，我就要为人民服务到底。”1981年，殷树山一家刚住进同心路5号楼时，这里既没有社区组织，也没有居委会，只有坟地、粮田、杂草、土路，无限荒凉。殷树山先是义务担任小区楼长，后又担任网格党支部书记，他和老伴刘彩凤扑下身子，将社区的义务清洁员、绿化员、巡逻员、治安员、联络员、党建指导员等角色挑于一肩，把社区里的杂事几乎全包了。

社区东北角的山坡原是人迹罕至的乱石岗、垃圾场，殷树山夫妇硬是一点一点地将垃圾清出，带领社区群众将其变成了一处绿化景观。可好景不长，居民在小区绿化带里种菜，他反复登门做工作，有的居民不理解支持，一时间闲言碎语不断，但殷树山丝毫不为所动。楼上的邻居于昌红入住小区较晚，却在自家阳台装个外挂式晾衣架，殷树山看到了坚决让她撤掉，说不符合规定。她在楼下种了点菜，殷树山也坚决不让，说绿地只能种花草。于昌红委屈地说道：“你这个老爷子怎么一点情分不讲，亏我们平时对你这么好！”然而，身为党员的殷树山，原则面前决不让步。他说：“社区绿地是大家的，决不能因个人行为影响社区的和谐与美观。”他一方面坚决制止种菜行为，一方面

2015年7月1日，殷树山夫妇组织塔山社区党员走进博物馆，感受党的光辉历史，畅想未来，向党的94岁生日致敬。

又从儿子承包的菜地里运来蔬菜，免费分给大家。连送几次之后，谁都不好意思在绿化带里种菜了，而且越来越多的居民加入殷树山的绿化队伍。30多年来，他带领居民共栽种绿化苗木24万余株，绿化面积5000多平方米。为保证树木成活，老两口每天都坚持浇水。有的离取水地点较远，浇一次水要往返30多分钟，但他们不管多忙多累，每天早晚都要为花草浇上一遍水。在他们的努力和带动下，塔山社区绿树成荫、花草遍地，成了名副其实的“绿色花园社区”。

1998年，为了给居民提供一处读书看报的文化场所，在殷树山的倡议下，塔山社区居委会收回了对外出租经营的门面房，成立了社区书屋。殷树山、刘彩凤顺理成章地成为义务管理员，不足20平方米的小书屋从此成了两位老人服务社区、开展党建工作的根据地。塔山书屋成立之初设施不全，殷树山和老伴就利用一家工厂装修剩下的木板订成书架，又从家里搬来沙发、桌椅，拿来水壶茶具，每天在家烧一壶水带过来。书籍存量不足，他们就拿出自己珍藏多年的书籍，又自费订了《人民日报》《中国青年报》《求实》《支部生活》等十几种报刊，同时积极发动居民捐书，仅半个月的时间，就筹集书籍2000多册。在他的带领下，社区党员群众经常聚在一起读经典书籍、读时事报刊，学党章党规、学系列讲话，共同交流读书体会。小书屋成了深化基层党建的课堂，关心国家大事的窗口，思想道德建设的阵地。为积极发挥网格党支部作用，殷树山以书屋为依托，积极组织居民策划文艺活动，从现实生活中取材，亲自编写了《人生养气歌》《文明新风老帮老》《学为乐》《宽心谣》等，并自编自演了多种群众喜闻乐见的文艺节目，在群众中起到了潜移默化的宣传作用，成为社区党的建设和精神文明建设的一道亮丽风景线。

有一种坚持叫执着

一个人一生做几件好事不难，难的是一辈子都在做好事、做好人。离休近30年来，殷树山夫妇把关爱社会、服务社区当成了他们生活的全部，也正是凭着数十年初心不改的执着、日复一日的坚持和自己过硬的党性原则、深厚的为民情怀，将众多不理解的声音，感化为志同道合的行动。

10年前，69岁的塔山社区居民曲慧芳光荣地成为一名共产党员。“以前殷书记和刘大姐包饺子、做汤圆、包粽子，我都过来搭把手，清扫绿化小区、搞文艺会演也都靠在前。不过还真没想到自己这么大年

殷树山和凤山志愿者服务队的志愿者在为社区老人送白菜

纪，还能加入党组织成为一名党员。”曲慧芳说，殷书记多次嘱咐她：“小曲，你要好好干，多为组织、多为社区作贡献。”

殷树山无私奉献了几十年，关键在于他不忘初心，始终坚守一名党员的责任感和使命感，始终践行为人民服务的宗旨。在塔山书屋里，一面红艳艳的“中老年志愿者团队”队旗十分惹人注目。在殷树山的组织发动下，社区一群平均年龄65岁以上的老人组成了这个志愿者团队，曾经对殷树山颇有怨言的于昌红成为其中的中年骨干。“这么多年，看着两个老人一直无私奉献，干了一辈子好事，由衷地佩服他们，也愿意跟他们一起做事。”于昌红说。

殷树山时刻以一名党员的标准严格要求自己，以无私、无畏、忘我的精神，扛起威海志愿服务队的大旗，不断擦亮文明威海这一城市品牌。塔山书屋不仅是老年人的聚集地，也是孩子们的欢乐场。注重精神传承的殷树山，一直致力于中小学生的革命传统教育和民俗文化培育。每逢周末或假期，殷树山夫妇都会走进各个中小学校或者组织学生来到小书屋，为他们讲党史国史，讲自己的抗战经历，提醒孩子们勿忘历史，传好接力棒。而一到传统节日，两位老人还会带着孩子们一起在元宵节捏面塑、二月二串龙尾、清明节扎花束、端午节包粽子……感受传统民俗文化的魅力。

除了传承民俗文化，在殷树山夫妇的带动下，越来越多的学生加入义工队伍，跟着殷老夫妇看望社区独居老人，去福利院做义工等。多年来，殷树山夫妇先后带领的做义工的学生已有上千人。去年考上威海职业学院的于家乐就是其中一位。他说："如果不是殷爷爷和刘奶奶，我现在可能还是一个整日流连网吧的网瘾少年。"在得知殷爷爷也去世的消息后，于家乐非常难过。他十分怀念两位老人慈祥和蔼的笑容，让他从一个从来不听讲、不做作业的"捣蛋鬼"，变成能够

2016年7月24日，老兵殷树山老人为海警官兵讲我军光荣革命历史。

安静下来看书，认真完成作业，积极参与公益活动的好学生，他说希望以后自己能像爷爷奶奶那样成为一名对社会有用的人。殷树山多年的坚持与努力没有白费，许许多多的人在他的带动下，发出了真善美的光芒。

生前，殷树山曾说：“我要继续发光发热，只要我自己做好了，自然会影响和带动其他人。”2016年10月20日凌晨，刘彩凤突发脑梗被送往医院抢救。经过治疗，21日清晨老人的神智恢复清醒，她握着殷树山的手提起了两人早就商量好的一件事——遗体捐献。“俺两个以前就商议，要全心全意为人民服务一辈子，就是死了也得服务，把遗体捐献出去，继续做好事，算是善始善终。”刘彩凤吃力地说。老伴所想正是殷树山所思，于是他们说服了家人，一起签订了遗体捐献同意书。

供稿单位：中共威海市环翠区委宣传部

高淑贞

女，汉族，山东章丘人，中共党员，现任中共山东省委委员，山东省妇联副主席（兼职），章丘区妇联副主席（兼职），章丘区双山街道三涧溪村党委书记、妇联主席。曾获“山东省优秀共产党员”“山东省优秀女村官”“第六届齐鲁巾帼十杰”“全国优秀党务工作者”“全国三八红旗手标兵”“全国基层优秀理论宣讲先进个人”等荣誉称号，并被选为山东省宣讲团成员、党的十九大特邀列席人员。1995年、2004年两个时间点，两封任命书，两次艰难险重的人生历练，她带着对党的忠贞和对百姓的真情，用无畏、担当、创新、务实谱写了一曲荡气回肠的为民赞歌！在高淑贞的带领下，三涧溪村从出了名的穷村、乱村，成为享誉全国的乡村振兴样板村。先后荣获“全国民主法治示范村”“全国平安家庭创建先进示范单位”“全国妇联基层组织建设示范村”等多项省部级以上荣誉。

忠贞向党、坚贞为民　为最美三涧溪奋斗

——记济南市章丘区双山街道三涧溪村党委书记高淑贞

三涧溪村，曾经是神仙也治不了的乱村，如今是享誉全国的乡村振兴样板村。“全国民主法治示范村”“全国平安家庭创建先进示范单位”“全国妇联基层组织建设示范村”等省部级以上殊荣，镌刻着这个村从弱到强，从富到美，奋斗拼搏的印记。

高淑贞曾经是一名中学教师，如今是三涧溪村党委书记。她曾荣获“山东省担当作为好书记”“山东省优秀女村官”“全国优秀党务工作者”“全国三八红旗手标兵”“全国基层优秀理论宣讲先进个人”，并被选为山东省宣讲团成员、党的十九大特邀列席人员，这些省部级以上荣誉里，洒满了她不忘初心、牢记使命、砥砺奋进的汗水。

2018年6月14日，习近平总书记到山东章丘三涧溪村视察，临上车时，他对高淑贞说：“你付出了，你辛苦了，我谢谢你为党所做的这些工作。”温暖的话语，是对高淑贞多年来不懈奋斗、辛勤付出的高度肯定。

奋斗出思想同心

1995年底，还在章丘市王白中学任教的高淑贞被镇领导叫去谈话。镇领导让她去担任东太平村的党支部书记，当时已经有孕在身的高淑贞没有犹豫，毅然决然地接受了任命，成为自己娘家村的当家人。经过5年的奋斗，高淑贞带领村民干纺织、建烧窑、抓养殖，并且通了路、用上了自来水，架起了新电网，新上了变压器，日子一天比一天红火起来。老百姓欢呼雀跃，欢天喜地。她出色地完成了党组织交给的任务，实现了从一名人民教师到优秀村党支部书记的蜕变！

2004年，是高淑贞在娘家村担任多年村党支部书记之后的又一次临危受命，这一次是到婆家三涧溪村担任村党支部书记。三涧溪村是由3个自然村组成的1个行政村，当时近三分之一村民未脱贫，村集体负债60万元；1998年至2004年，6年间换了6任村党支部书记，是出了名的穷村、乱村。二次担任村党支部书记，高淑贞做好了充分的思想准备。大半年的时间，她每天走家串户、了解群众生活情况与需求，三涧溪村1000多户人家遍布了她的足迹，村里人天天都能看到这位女书记的身影。

班子软弱、队伍涣散、人心不齐，是三涧溪村又穷又乱的根源。建强班子，带好队伍，打造坚强战斗堡垒，成为她治村的第一要务。她从看似简单的事情下手，从党员学习抓起，从定期召开民主生活会做起，从健全村务管理、财务管理、宅基地管理等一系列制度管起，创造性开展了“党旗飘飘映四邻、四邻联动党放心”主题实践活动，并逐步以制度形式固定下来，成为常态，为全村稳定、事业发展夯实

2013年8月，三涧溪村党总支书记高淑贞带领干部帮助群众自救。

了基础。

党建引领，重在落实。高淑贞创新党建思路，把党支部建在产业上。立足该村产业发展实际，注重发挥能人带动作用，成立返乡创业、青年创业、康养服务、物业管理、文化旅游5个党支部，把党的工作延伸到乡村振兴各个方面，使党的组织优势和产业优势、人才优势相互转化、互融共建，奋斗出了一条“抓党建、强组织、兴产业、促振兴”的农村基层党建工作新路径。

奋斗出创业之路

高淑贞干事业，那真是着了魔，拼了命。每天早上6点，高淑贞就出门，在村里转一转，看一看，回来就研究政策，对接村情，做发展规划，有时开会讨论起来要半夜才能回家。

“只有让老百姓享受到实惠，才能取信于民、赢得支持。”修一条环村公路，是村民多年来的期盼，但因为种种困难一直难以打通。高淑贞敢闯敢干，面对群众质疑和责难，讲政策、讲利害，动真碰硬，抓铁有痕。冬天的傍晚，她入户做群众工作，不知不觉就到了半夜11点。突然，黑夜里传来婴儿的哭声，高淑贞这才意识到自己七个月的女儿已经一天没吃奶了。看到丈夫气喘吁吁地抱着孩子找来，她愧疚地把孩子搂在怀里，眼泪滴落在孩子那稚嫩的小脸上。村民惊呆了，也感动了。这件事一传十，十传百，村民们为高淑贞的精神所感动。人心通了，思想通了，一条3000米长、10米宽的水泥路通了！从此，三涧溪村通往章丘城区的致富路也通了。

为了改善村容村貌，她天天泡在工程现场，有时候资金不到位，她二话不说把自己的积蓄全部拿出来垫付工程款。晚上刮风下雨，她半夜与大家一起搬水泥，一干就是半宿。为了公平合理地分配拆迁占地费用，她把讲人情、走后门的亲戚全部挡在了门外，却千方百计征

2018年7月，三涧溪村召开村“两委”会议，认真学习贯彻习近平总书记视察山东重要讲话精神。

求广大群众的意见。就这样，总投资2.5亿多元的20项民心工程用了不到两年的时间全部竣工，并通过了有关部门的质量检验。村里建成了文化广场、卫生所、图书室，组织了庄户剧团、舞蹈队、门球队等民间团体，用文化引领群众，农村党支部的根基扎得更深了。

奋斗出强村富民

“农业农村工作，说一千，道一万，增加农民收入是关键。”这是总书记视察三涧溪村时作出的重要指示，也是高淑贞多年来工作的准则。她坚持以党建为引领，团结带领村“两委”负责人、党员干部，抓住城市空间拓展的大好机遇，筹建工业园区，引进多家企业，带动村民致富。

农村工作千头万绪。作为一名女性，当好村级党组织负责人，难上加难。2005年，三涧溪村工作刚有起色，连续的劳累和压力，透支了她的身体，她整个人一下瘦了20斤，扁桃体肿得厉害，喉咙疼得连唾液都难以下咽，脖子像是粗了两三圈。即使如此，手术第三天，她就偷偷地回到村里，回到她惦念的群众当中。不能讲话，她就用手写，把需要安排的工作全部用电脑打印出来，分发给村“两委”干部。她心里着急呀，当时全村一下铺开那么多工程，有那么多工作需要她来做，即使自己以后再也不能开口讲话了，也要在工程一线盯着。

为了筹建工业园区，加快致富步伐，面对4000亩的拆迁任务，高淑贞依法治村，敢于亮剑。为了拆除一处违章建筑，她带头爬上屋顶，村民拿着菜刀闯入她婆婆家里，以死威胁，把老人吓得尿湿了裤子。高淑贞又气愤又心疼，眼泪止不住地往嘴里淌，她赶紧帮老人换下衣服，安慰老人说：“谁让咱是村干部呢！”工业园建成了，一批高科技、高投入、高效益的园区企业顺利落户在三涧溪村，带动了村集体和村民增收，成为富民强村的重要阵地。如今，三涧溪村集体从负债60万元发展到年收入260万元，工业园有73家企业落户，年利税达到1.3亿元，村里800多名劳动力在家门口就业，人均收入超过2.6万元。

奋斗出文明幸福

2018年6月14日，习近平总书记到三涧溪村视察，在听取了高淑贞关于“家”字形管理体系的释义后，他对在场的领导说：“她释义得多好啊。”这正是对她家国治村新理念的最高评价。

上任之初，高淑贞面临的最大难题之一就是人心不齐。她说，三涧是我家，发展靠大家，家是最小国，国是千万家。她处处宣讲“家

2019年5月，三涧溪村党委书记高淑贞介绍村里的家国文化。

2019年6月，三涧溪村党委书记高淑贞带领少先队员们重走习近平总书记考察该村时走过的路，教育引导孩子们从小听党话，感党恩，跟党走！

国理念”，把“家”字头上那一点视为党组织，其他各项工作都要在党的领导下进行。她建立了党员带四邻工作体系，成立“巾帼为民服务队”，开展“一线通连接你我他、一张卡方便千万家、一支队伍活跃全村、一面旗帜映红四邻、一个职介所劳有所得”的“五个一”服务活动，并将服务范围逐步拓展到大学园区、工业园区，全村逐步呈现人心思上、人心思齐的良好局面。2006年8月，全国“平安家庭”创建活动现场会把三涧溪村作为示范点，“家”字形体系在全国推广。山东省济南市及各县（市、区）逐级观摩推进会在该村举行，带动了上千个村庄开展平安家庭创建活动，收到了很好的社会效应。

“培育文明乡风、良好家风、淳朴民风，改善农民精神风貌，提高乡村社会文明程度，焕发乡村文明新气象。”2015年，高淑贞的婆婆去世，她顶住家族压力，带头推进红白事从简从俭，带动和影响了全村百姓。她及时修订《村规民约》，让移风易俗制度化，减轻了群众负担。开展好婆婆、好儿媳、出彩人家、最美复退军人等评选活动，传播新思想，引领新风尚，让党组织的根基越扎越深，让村民过上了文明幸福的好日子。

奋斗路正长，行者方致远。高淑贞，凭着自己对党的忠贞和对事业的坚贞，不忘初心，奋斗前行，在村里盖起了22栋居民房，建成了高标准敬老院、小学幼儿园，建起了全国首家乡村振兴学院，把一个穷村、乱村变成了乡村振兴样板村，一幅乡村振兴的美好蓝图正徐徐展开。

供稿单位：中共济南市章丘区委宣传部

焦裕禄 1922—1964

男，山东淄博博山人。1922年8月16日，焦裕禄出生在博山县北崮山村的一户普通农民家里，接受过良好的早期教育。焦裕禄年少时经历过战乱灾荒，遭受过日军酷刑，做过煤矿的“特殊劳工”，还被迫逃荒到宿迁，历尽艰辛，受尽磨难。1946年1月，加入中国共产党；1947年10月，离开家乡，奔赴豫东。焦裕禄饱经革命战火洗礼，有丰富的青年团经历，也是工业战线上的行家里手。1962年12月，到兰考任职，面对风沙、内涝、盐碱“三害”，带领全县人民战天斗地，奋力改变兰考贫困面貌。1964年5月14日，因肝癌不幸病逝，年仅42岁。焦裕禄被誉为“县委书记的榜样”“党的好干部”“人民的好公仆”。世纪之交，新华社编订的《时事资料手册》将焦裕禄评为“百年中国十大人物”。2009年9月10日，焦裕禄光荣入选“100位新中国成立以来感动中国人物”。2009年，习近平同志把焦裕禄精神概括为：亲民爱民、艰苦奋斗、科学求实、迎难而上、无私奉献。

根在齐鲁耀华夏　魂系中原铸永恒

——记县委书记的好榜样焦裕禄

焦裕禄，兰考县原县委书记，党的好干部、县委书记的榜样，也是全党学习的榜样。

焦裕禄同志用自己的实际行动，塑造了一个优秀共产党员和优秀县委书记的光辉形象，铸就了亲民爱民、艰苦奋斗、科学求实、迎难而上、无私奉献的焦裕禄精神。

虽然焦裕禄同志已经离开我们半个多世纪了，但焦裕禄精神早已成为我们心中的一面旗帜、一面镜子、一把标尺，鼓舞着千千万万的人民群众，教育影响着无数党员干部。

出生成长在博山

焦裕禄，1922年8月16日出生在山东博山县（现淄博市博山区）北崮山村的一个普通农民家里。焦裕禄在1955年撰写的一份“自传”中写道：“出生到十五岁，家庭十五口人，十三亩地，牛二头，骡子一

青年焦裕禄

头，房子廿余间，全家种地，冬闲时开一小油坊，打蓖麻油，资金大部分是借外债。”焦家是个生活相对殷实的农民家庭。

焦裕禄八岁入学，在学习上十分刻苦努力，他写的作文经常受到老师的表扬，被全班同学传抄。他曾在《阚家泉的风景》中这样写道：“仁者爱山，智者乐水。我钦佩那些为国建立过功勋的仁人智者，更爱哺育过无数仁人智者的好山好水……”这篇作文不仅写出了他的抱负，也流露出立志做仁人志士的感怀。焦裕禄不仅学习扎实，还多才多艺，吹拉弹唱样样拿得起，在博山县第六高级小学上学时，便加入了学校的雅乐队，这也为他后来的群众工作做好了铺垫。少年焦裕禄从齐鲁文化中汲取了丰厚的营养，他知书达礼、聪慧善良、正义果敢、勇于担当。

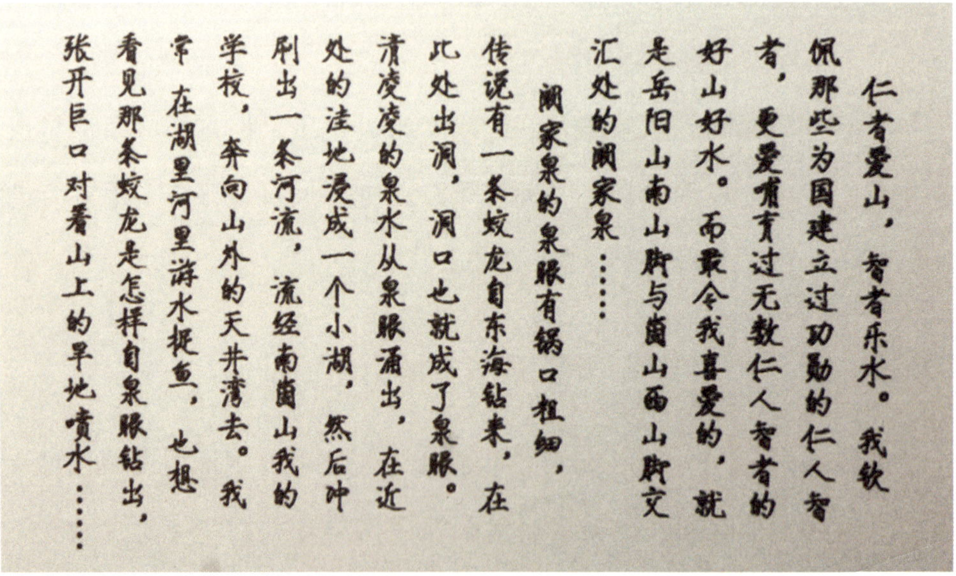

仁者爱山，智者乐水。我钦佩那些为国建立过功勋的仁人智者，更爱哺育过无数仁人智者的好山好水。而最令我喜爱的，就是岳阳山南山脚与凤山西山脚交汇处的阚家泉……

阚家泉的泉眼有锅口粗细，传说有一条蛟龙自东海钻来，在此处出洞，洞口也就成了泉眼。清凌凌的泉水从泉眼涌出，在近处的洼地浸成一个小湖，然后冲刷出一条河流，流经南凤山我的学校，奔向山外的天井湾去。我常在湖里河里游水捉鱼，也想看见那条蛟龙是怎样自泉眼钻出，张开巨口对着山上的旱地喷水……

焦裕禄上小学时写的作文《阚家泉的风景》

1937年12月30日，日军侵占博山县城。日军的入侵打乱了中国人民正常的生活秩序，伴随着整个中华民族的不幸，焦家从还算殷实的农民家庭跌落到了举步维艰的贫困境地。1938年焦裕禄被迫辍学，在家种地、卖油、下煤窑，替父母担起了家庭的重担。1941年，焦裕禄的父亲焦方田因无力偿还外债，终日愁苦，上吊自杀；奶奶和嫂子因接连受到日军侵扰惊吓致死；哥哥焦裕生离家外出寻求活路；目睹这一切的爷爷焦念礼回天无力，不久后撒手人寰。

九死一生东北还

日军侵占博山后，北崮山是交通要枢，各种势力交织，尤以日伪势力最为猖獗。为了保家卫国，村民自发组织成立了以抗日保家为目的的封建道会组织“罡风道”（又名红枪会），少年焦裕禄也加入了。1942年农历六月二十四日，焦裕禄被认定为“共产党嫌疑分子”，被抓进了日本宪兵队，从此开始了300多天暗无天日的人间地狱生活。

在博山监狱遭受了半年的牢狱折磨后，12月初他被押上闷罐车，辗转张店、济南，受尽了花样翻新的刑罚，最后被押送到辽宁抚顺的大山坑煤矿做“特殊劳工”。在那里，焦裕禄和工友们受尽了敌人的折磨，不到一个月的时间，同去的临近村庄的20人就有17人被折磨致死。1943年4月，焦裕禄在一位郑姓老乡的帮助下，冒着生命危险逃出了日军魔爪，辗转到沈阳，坐火车回到家乡。

背井离乡留宿迁

回到家乡以后，由于没有“良民证”，焦裕禄又先后两次被抓。

为了生计，他背井离乡，沿途乞讨，于1943年秋来到了江苏宿迁，给胡太荣家做了两年长工。

当时的宿迁，白天在日伪军的统治下，晚上共产党的地下组织秘密集会，宣传抗日救国的道理。焦裕禄也积极加入其中。1945年，新四军解放了宿迁，建立了人民政府，焦裕禄看见了老百姓当家作主的喜悦，按捺不住心中的激动，抱着翻身求解放的强烈愿望回到家乡博山。

保家卫国回崮山

1945年秋，焦裕禄迫不及待地回到家乡，加入了民兵队伍，从此走上了革命的道路。在党的教育和培养下，1946年1月，24岁的焦裕禄在北崮山村光荣地加入了中国共产党。

焦裕禄当民兵以后，参加了解放博山县城的斗争，表现出了非凡的智慧和魄力。在敌众我寡的形势下，他总是冲锋在前，出谋献计，利用空城计、地雷战等战术智退敌人。据焦裕禄的战友、老民兵陈壬年回忆，焦裕禄当年带领大家开展的地雷战要比电影《地雷战》中的场景还要生动精彩。在民兵连，焦裕禄还多次参加了与国民党匪军的边沿斗争。1947年2月，焦裕禄作为战斗部队人员，参加了莱芜战役。同年3月，他正式脱产参加了第五区武装部工作。

土改复审渤海区

区武装部选派焦裕禄一行20余人到华东军政大学学习，但因敌人进攻，军大转移，他们没能找到学校，便随鲁中区党委参加了南麻、临朐战斗，之后到渤海区，在商河县开展土改复查工作。1947年8月，参加鲁中区党委干部集训，经“三查三整”编入鲁中南下干部大队，10月南下奔赴豫东。

焦裕禄在家乡成长、入党、参加革命，度过了二十几个春秋。焦裕禄精神和品格的形成离不开齐鲁文化和孝文化的熏陶，优良家风的培育，家乡党组织的重点培养，以及焦裕禄个人的努力奋斗。家乡的成长经历为焦裕禄世界观、人生观、价值观的形成打下了坚实的基础，可以说在齐鲁大地上，焦裕禄就已经初步成长为一个理想信念坚定的革命战士。

贾鲁河畔显身手

走向中原大地，焦裕禄第一站就来到了贾鲁河畔的尉氏县彭店乡。当时正是土匪恶霸横行的时期，他一边组织打土匪，一边搞土改、分田地，与当地群众打成一片。

淮海战役打响后，焦裕禄积极参与到支援淮海战役的斗争中，带领民工支援前线、运送军粮，因为条件艰苦，他曾赤脚行军100多公里。

淮海战役结束后，焦裕禄又回到了尉氏县，先后担任大营区副区长和区委副书记、区长等职，带领群众进行土改运动和剿匪反霸斗争。他曾在剿匪反霸中镇压了大土匪头子黄老三，当地老百姓欢呼道：“杀了黄老三，晴了半拉天。”

砥砺奋进青年团

焦裕禄曾三次担任青年团的职务，1950年3月至1951年7月，任青年团尉氏县委副书记；1951年7月至1952年7月，任青年团陈留地委宣传部部长；1952年7月至1953年6月，任青年团郑州地委宣传部部长、第二副书记；1953年夏，焦裕禄同志任青年团郑州地委第二书记。

在青年团工作期间，焦裕禄利用一切机会接触青年，了解青年思想情况，永远把教育青年的任务担在肩上。他曾形象地说：“团的工作是党的工作的一部分，党是头颅，团是手足，一个人只有头颅，没有手足怎么能行呢？不趁年轻的时候多为党做些事情，恐怕等年纪大了，想干也干不成了。”

工业战线红旗手

1953年国家“一五”时期，开始大规模的工业建设，焦裕禄怀着无限激情来到了洛阳，筹建洛阳矿山机器厂（现中信重工机械股份有限公司）。从洛矿工厂筹建开始，焦裕禄先后担任筹建处资料办公室秘书组副组长、工程基建科副科长、一金工车间主任、生产调度科科长、厂党委委员，为洛矿筹建、发展作出了突出贡献。

1954年8月，厂党委选送焦裕禄到哈尔滨工业大学学习。他刻苦钻研，成绩优异，为日后从事工业管理奠定了基础。1955年2月，焦裕禄又被分配到大连起重机器厂实习，工人们推选他为车间主任。焦裕禄的《十条工作经验总结》得到了厂党委的重视，并被刊登在厂报上。直到今天，这十条经验也没有过时，对我们当前的工作仍然具有很好的指导意义。

1956年12月，焦裕禄在大连实习结束后，又回到洛阳矿山机器厂，担任一金工车间主任。在这期间，他带领工友们一起研制出了新中国第一台直径2.5米、重约108吨的新型双筒卷扬机。这台卷扬机直

焦裕禄（前排左五）与厂领导、车间工人、技术人员和苏联专家在我国第一台新型Φ2.5米双筒卷扬机前合影留念。

到2007年才从河南观音堂煤矿退役，共用了49年的时间。

焦裕禄在洛阳矿山机器厂度过了9年，从“拉牛尾巴的人”到工业战线上的红旗手，他干一行、爱一行、专一行，展现出一名共产党员的优秀品质。

1962年6月，为了加强农村工作，党又把他调回了尉氏县，担任县委书记处书记。

临危受命赴兰考

1962年冬天，正是兰考遭受风沙、内涝、盐碱最严重的时刻，全县的粮食产量下降到历史最低水平。就在这样的关口，焦裕禄肩负着党的重任，怀着改变灾区面貌的雄心壮志来到兰考县。面对重重困难，焦裕禄深情地说：“感谢党把我派到最困难的地方，越是困难的地方越是锻炼人，请领导放心，不改变兰考的面貌我决不离开那里。”粮食产量低，群众生活苦，无数灾民外出逃荒，面对严重困难，焦裕禄没有退缩，他抱着必胜的信念迎难而上，立下誓言：“拼上老命大干一场，决心改变兰考面貌！”

焦裕禄来到兰考的第一天就深入农村调查访问，他与饲养员肖位芬老人同吃同住同劳动，并向群众讨教恢复生产、战胜“三害”的经验。他白天和群众一起在田间劳作，到处听到群众要求改变兰考面貌的呼声；晚上就一边学习毛主席著作，一边思考改变兰考的关键在哪里。经过调查研究、反复思考，他发现改变兰考的关键在于改变县委领导干部的精神面貌。

针对这一问题，焦裕禄组织召开了全县县委领导干部大会。在大会上，他大声疾呼，“干部不领，水牛掉井”，“没有抗灾的干部，就没有抗灾的群众”。在一个风雪交加的夜晚，焦裕禄召集县委委员开会。人到齐后，他没有宣布议程，却领着大家去了火车站。当时的火车站几乎被漫天大雪淹没了，车站的屋檐上挂着尺把长的冰柱，许多逃荒的灾民穿着国家救济的棉衣正拥挤在候车室，等待着开往丰收地区的列车。看到这些，焦裕禄的眼睛湿润了，他沉痛地对县委委员们说：“党把36万兰考人民交给我们，我们没有带领他们战胜困难，应该感到羞耻和痛心。”说到这里县委委员们才明白，为什么焦裕禄要深更半夜地带领他们来看风雪严寒的火车站。

经过反复统一思想，兰考县委干部的精神面貌焕然一新，纷纷走出机关到基层驻地蹲点，掀起了除“三害”的热潮。

吃别人嚼过的馍没味道

焦裕禄患有慢性肝病，许多同志劝他在办公室听汇报，他却说“吃别人嚼过的馍没味道”，他要亲自掂一掂“三害”的分量。焦裕禄身体力行在全县展开了大规模的追洪水、查风口、探流沙的调查研究工作，他靠着一辆自行车和一双铁脚板，对全县140多个生产大队中的120多个进行了走访和蹲点调研。经过3个多月的风里来雨里去，跋涉5000余里，取得了兰考“三害”的第一手资料，制订了切合实际的植树造林、翻淤压沙、挖河排涝、改变盐碱等一系列改变兰考面貌的规划。

榜样的力量是无穷的

除“三害”斗争开始以后，焦裕禄同志发现抗灾斗争发展不平衡，基层干部和群众的认识也不尽一致。他认为，必须进一步发动群众，抓典型、树样板，打一场除“三害”的人民战争。他深入全县调查，发现和培养了“韩村的精神”“秦寨的决心”“赵垛楼的干劲”“双杨树的道路”四个典型。1963年，他把这四面红旗的代表请上了大会的主席台，表扬他们自力更生、艰苦奋斗的精神，号召全县向他们学习。榜样的力量是无穷的，在榜样的引领下，全县干部群众向“三害”发起了猛烈总攻。

民心所向永不忘

焦裕禄常说：“共产党员应该在群众最困难的时候，出现在群众面前，在群众最需要帮助的时候，去关心群众、帮助群众。”

1963年12月9日，北风呼啸，鹅毛大雪铺天盖地。焦裕禄彻夜难

焦裕禄现场工作宣传画

眠，连夜打电话通知各公社做好雪天工作。第二天天还没亮，他就下乡去了。他忍着剧烈的肝痛，一连走访了几十户群众。他来到梁孙庄梁俊才的家里，看望双目失明的老大娘和卧病在床的老大爷，亲切地问寒问暖。当他来到葡萄架村的时候，得知一位农民的孩子因为没钱治病已经奄奄一息就要被扔掉，他马上帮助联系医院，并多次打电话询问病情，救活了这个孩子。孩子原叫“张徐州”，后来为了表示继承焦书记的遗志，改名为“张继焦”。

清廉家风聚焦门

焦裕禄一生清正廉洁，严于律己，为我们树立了光辉的榜样。焦裕禄没有给子女们留下多少物质上的财富，但给他们留下了优良的焦家家风。焦裕禄的二女儿焦守云把焦家家风概括为：一是要热爱劳动，不能不劳而获，自己的事情自己做；二是要艰苦朴素，不能和别人比吃比穿，要比就比学习、比进步；三是不搞特殊化。焦裕禄的子女们有一个不成文的约定，就是要耐得住寂寞，甚至要耐得住贫穷，守护好父亲这面旗帜，即使没有本事给这面旗帜增光，起码也不能给这面旗帜抹黑。

焦裕禄是家乡人民的骄傲，焦裕禄精神像一颗闪亮的金星指引着红色基因传承，在孝妇河畔、淄河北岸、岳阳山前的村落里，焦家家风像不竭的源泉滋养着这一方热土，生生不息、源远流长。

县委书记好榜样

焦裕禄心里装着全体人民，唯独没有自己。1964年春天，当兰考的除“三害”斗争到了最高潮的时候，他的肝病也到了最严重的时候，他经常用一个硬东西一头顶着椅子，一头顶住肝部。天长日久，他坐的藤椅被顶出一个大窟窿，可他从不把自己的病放在心上。一天晚上，焦裕禄躺在床上，兰考人民抗灾斗争的情景一幕幕映现在眼前，他从兰考人民战天斗地的英雄气概和实干精神中，预见到兰考美好的未来。于是他满腔热情地坐在桌前，想动手写一篇题为“兰考人民多奇志，敢教日月换新天”的文章，可只开了个头，肝病又发作了，病魔逼他放下了手中的笔。1964年3月，党组织送焦裕禄住院治疗，经过几次转院，医生下达了最后的诊断书：肝癌后期，皮下扩散。焦裕禄躺在医院的病床上，担心的不是自己的病情，而是念念不忘兰考，他想看一看兰考的麦穗，看一看兰考的父老乡亲。临终前，上级党组织来看望他，他唯一的要求是：“活着没有治好沙丘，死后要把我埋在沙丘上，我要看着兰考人民把沙丘治好。”

1964年5月14日9时45分，焦裕禄永远地离开了我们，终年42岁。1966年2月6日，中央人民广播电台在录制长篇通讯《县委书记的榜样——焦裕禄》时，著名播音员齐越在录音室失声痛哭，中断录音10分钟。2月7日，《人民日报》头版全文刊登了长篇通讯，并发表社论，号召向焦裕禄同志学习。

焦裕禄的一生是革命的一生，奉献的一生，辉煌的一生。焦裕禄精神跨越时空、历久弥新，无论过去、现在还是将来，都永远是亿万人民心中一座永不磨灭的丰碑。

供稿单位：淄博市博山焦裕禄纪念馆

谭旭光

男，汉族，山东潍坊人，1961年2月出生，中共党员，现任山东重工集团有限公司党委书记、董事长，中国重型汽车集团有限公司党委书记、董事长，潍柴控股集团有限公司董事长，潍柴动力股份有限公司董事长、CEO，享受国务院政府特殊津贴，第十届、第十一届、第十二届、第十三届全国人大代表。20多年来，他团结带领广大职工大刀阔斧推进改革，打造了国企改革的“潍柴模式”；他心无旁骛攻主业，引领中国制造迈向高端；他深耕“一带一路”，叫响中国制造“潍柴品牌”，为振兴中国民族工业作出突出贡献。曾荣获“山东省庆祝改革开放40周年感动山东人物”“齐鲁时代楷模”“齐鲁杰出人才”“全国五一劳动奖章”“全国劳动模范”“全国优秀创业企业家”等荣誉称号，并获得“第四届袁宝华企业管理金奖”“意大利莱昂纳多国际奖”。2019年1月，谭旭光作为第一完成人的潍柴动力重型商用车动力总成关键技术及应用项目获得国家科学技术进步一等奖。

心无旁骛专攻主业　打造潍柴金字品牌

——记谭旭光同志主要事迹

20多年来，谭旭光亲历改革开放巨变，领导潍柴实现高质量跨越发展，从地方单一发动机生产厂，发展成为国际化装备制造集团。他大刀阔斧推进改革，让濒临破产的潍柴脱胎换骨、重获新生，打造了国企改革的“潍柴模式”；他心无旁骛攻主业，打造自主高端中国动力“心”，引领中国制造迈向高端；他整合全球资源，深耕“一带一路”，叫响中国制造“潍柴”品牌。

感知“春风”，搏击海外

1978年3月，全国科学大会在万物复苏的时节召开，中国迎来了科学的春天。在这个具有里程碑意义的科技盛会上，潍柴研制的8V160坦克发动机获得了国家表彰。8V160坦克发动机，代表当时中国发动机研制的最高水平，是国家重点项目。谭旭光进入潍柴的第一份工作就是参与国家8V160项目。

2017年12月，谭旭光宣布潍柴集团营业收入突破200亿元，并对外发布潍柴2020—2030战略。

多年以后，谭旭光依然会回想起，1977年他背着黄书包走进潍坊柴油机厂，看到8V160坦克发动机的那个遥远的情景。因为父母都是潍柴职工，谭旭光对柴油机有着特殊的感情。他知道，这些发动机都肩负着各自的使命，或奔腾大江大海，或驰骋万亩良田，或保家卫国……在中国工业刚起步的年代，每一台发动机都显得如此珍贵。

刚入厂的谭旭光还未满17岁，是班组里年龄最小的，却是干活最实在的。他的想法非常朴素，最笨的学习方法是肯干，最智慧的人也是肯干。他曾说过："当工人的十年是我人生中难得的产品学习机会，这段时间我系统学习了柴油机知识，对我后来的事业十分有益。"

伴随着改革开放的春风，谭旭光敏锐地意识到，一个崭新的时代要来了。他毅然选择学习充电，别人问他学习机械制图和政治经济学有什么用，他不辩解，只是抱着书本苦读。那时的谭旭光每天都在忙碌中度过，白天上班，晚上攻读中央广播电视大学，并以全班第一名的优异成绩毕业。他还担任当时潍柴技术中心团支部书记，因为脑子灵活、敢创新，他带领团支部成立的“青年之家”搞得有声有色，1986年被团中央评为“全国优秀青年之家”。

1987年，谭旭光主动要求调到潍柴刚组建的外贸科做业务员。1991年，他带领维修服务小组常驻印尼，成立潍柴首个海外服务站。每天他顶着烈日拿着地图，走遍印尼大大小小的岛屿，与当地代理商洽谈，为客户提供服务。“我去过最荒凉的小岛，钻过最深的船舱，什么苦活脏活都干过。”在他的努力下，第一年当地业务量就增长了10倍。海外的历练，让谭旭光最先品尝到市场经济的酸甜苦辣，也让他切身体会到国家的对外开放程度决定着企业的发展广度和深度。

追随着国家对外开放的步伐，谭旭光在海外市场如鱼得水，31岁就出任潍柴进出口公司总经理。在他的带领下，潍柴进出口总额从30万美元增长到6000万美元，成为全国机械行业出口创汇的一面旗帜。

刀尖上成长的“国有企业家”

计划经济体制下，国有企业是执行政府计划指令的生产单位，没有自主经营的权力，生产与社会需求严重脱节。1978年，国有企业开启了“放权让利”的改革之旅。到20世纪90年代中期，国有企业虽获得明显的发展，但曾经“一包就灵”的承包制，也出现了诸多弊端，产能过剩、利润下降等问题侵蚀着国有企业。据不完全统计，1996年上半年亏损的国有企业达到43.3%，1998年第一季度甚至出现了全国性的大面积亏损。

1997年，潍柴工业总产值由巅峰时的8.5亿元降到5.9亿元，企业主打产品6160柴油机销量由6530台暴跌至1257台。进入1998年，经营业绩持续恶化，成了山东潍坊最困难的企业，内外债高达3.6亿元，不时被断水、断电、断原料，连正常的生产都保证不了，企业走到了破产的边缘。

1998年6月19日，37岁的谭旭光被组织任命为潍坊柴油机厂厂长。谭旭光并没有太多的喜悦，他感受到的是压力如山：工厂机制僵化、人才流失、包袱沉重、经营亏损、技术落后、产品滞销……

谭旭光上任后，第一把火就引向了领导班子。他在就职演讲中提出“约法三章”：坚持原则、敢抓敢管，不做老好人，不当太平官；扑下身子、真抓实干，为企业干实事，为职工办好事；以身作则、清正廉洁，要求职工做到的，我们首先做到，不允许职工做的，我们坚决不做。“约法三章”代表人心所向，重振了领导干部的士气和职工的信心，成为后来潍柴的立企之本，始终约束和激励着每一个管理者。20年来，潍柴领导班子核心成员没有一个人离职，成就了行业一段佳话。

过去，国企干部论资排辈，职工收入完全是靠熬工龄、拼年限，积极性很差。国企掌门人都面临着共同的难题：如何带领企业职工走出计划经济的温床。要适应千变万化的市场形势，首先就要改变自身，从内部建立一个完全适应和面向市场的机制。谭旭光很快瞄准了内部机制之弊。他首先对企业进行了一次摸底调查。尽管知道情况堪忧，但拿到结果时，他还是吓了一跳。潍柴直属单位53个，总共1.36万人，其中科室编制182个，辅助人员4400人，管理人员1550人，科级以上领导干部750多人，而一线生产工人仅3656人。一个不过300人的生产厂，管理人员就多达四五十人。“1个人的活3个人干，3个人的饭5个人吃。”

谭旭光决定启动“三定”（定岗、定编、定员）改革，将精简机构、裁撤冗员作为改革的第一步。在这场硬碰硬的改革中，潍柴直属单位从53个减至10个，干部由750人减至235人，在岗职工总数由13600人减至8000人。谭旭光将这一措施比作“拆庙搬神”，庙不拆，神就请不走。

真正让潍柴走出困境的是2002年的“三三制”产权改革。这个改革方案，在今天看来依旧超前。谭旭光的目的是建立现代企业制度，引入多元投资主体，打破单一国有资本构成格局，实现混改上市，彻底摆脱计划经济体制的束缚。所谓“三三制”，即将占企业资产1/3的高速机业务剥离出来，成立潍柴动力股份有限公司，并运作在香港上市；占企业资产1/3的中速机业务和职工留在原有集团，形成国内最具竞争力的船舶动力和发电设备生产基地；其余占企业资产1/3的非主营业务全部推向社会。

当时，潍柴除了火葬场没有，其余全有，剥离辅业，部分职工不得不离开体制内，这堪比割肉切肤！

改革总是充满新与旧、进与退的矛盾和冲突。2016年，谭旭光应邀到山东某国企介绍经验，讲起这段改革历史时，该企业的高管们面面相觑，坦言不敢这样大力度地改。谭旭光却直言，没有敢于担当的勇气，改革不可能成功，绝对不可能。

改革必然要付出代价，为什么别人不敢改，谭旭光却敢改？谭旭光这样回应：不是我胆大，这是一个担当和责任的问题。我带领潍柴几十年，没有一项重大错误决策。因为我是一名国有企业负责人，我是在为国家看门，没有条件也没有生态允许我犯错误。坚决不能犯错误，坚决维护国有资产，就是我的责任。

因为责任与担当，谭旭光带领团队破釜沉舟、改革除弊，将改革进行到底，让潍柴走上了完全市场化的道路，比今天多数国企提前十几年完成改革，成为国企改革的先行者和坚定执行者。无疑，潍柴的改革是成功的，它今天所有的成就，都可以追溯到这场惊天动地的改革，它从此塑造了潍柴“敢改革、善改革”的基因。

一代汽车人的强国梦想

谭旭光是中国汽车工业40年发展的亲历者与参与者，他们这一代企业家深知跟跑国外品牌、受制于人的窘迫。多年的辛勤付出，终于换来了中国汽车工业的蓬勃发展，我国“缺重少轻，轿车空白”的落后面貌被彻底改变。尤其是在商用车领域，中国的乡村、城市道路飞奔而过的大大小小的卡车和客车，均以中国品牌居多。据2017年汽车工业协会发布的数据显示，2017年国内生产销售重型卡车111.69万辆，进口重型卡车仅为5000辆左右。

这是以潍柴为代表的民族品牌，以谭旭光为代表的一代中国汽车人，上下求索、艰苦奋斗40年，才有了今天自主品牌主导中国重型商用车市场的局面。

核心技术，企业命脉，国之重器。内燃机工业在国民经济中占据着举足轻重的地位，作为较早“走出去”的中国汽车人，谭旭光深刻

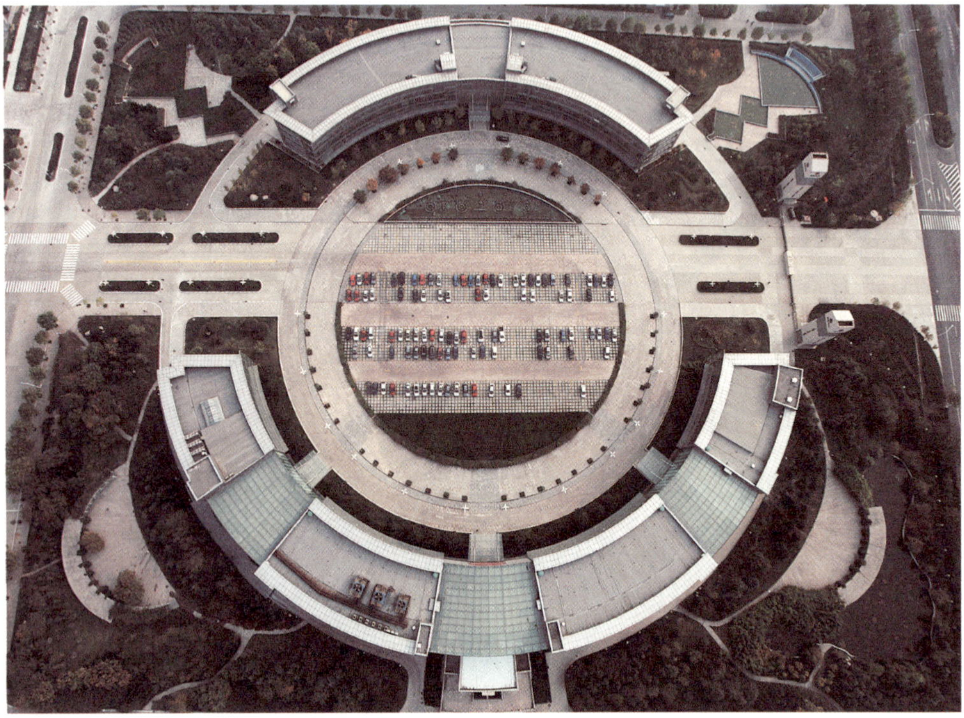

潍柴动力工业园航拍图

感受到中国内燃机与欧美发达国家水平的巨大差距。如果不主动与世界科技接轨，在全球开放中寻求合作提升的机会，闭门造车、埋头走路，迟早要被全球市场浪潮拍死在岸上。几十年来，潍柴坚持自主自强发展道路，以全球视野推动技术创新，通过引进、吸收、再创新，成功改写中国商用车市场被外资品牌瓜分的命运。尤其是2005年潍柴率先推出中国第一台拥有完全自主知识产权的高速大功率发动机“蓝擎”，2007年推出全球首款商用车动力总成，都标志着中国柴油机产业正式迈入了自主创新的“中国动力时代”，终结了中国重型卡车长期依赖“外国心”的历史。2019年1月8日，潍柴动力重型商用车动力总成关键技术及应用项目获得国家科学技术进步一等奖。

从“蓝擎”动力到H、N、M平台高端动力，再到今天全球布局新能源，与英国、加拿大等企业合作开发最前沿技术，布局固态氧化物燃料电池、氢燃料电池、HPDI天然气发动机等新能源产业的三大核心技术，潍柴的自主创新从来都不是“闭关锁国”，而是始终对标全球先进技术，整合全球最优质资源，提升自身技术实力。回忆起与外国顶尖机构合作开发新产品，潍柴工程师从“看不懂”到“独立建立适合自己的研发体系”的转变历程，谭旭光如是说：“自主品牌不是重起炉灶，而是充分利用我们这些年积累的经验，整合利用全球资源，在提高自主创新能力、掌握世界最先进技术上下功夫。如何整合世界科技资源为自己所用，这也是自主创新能力的重要体现。”

国门的开放，世界资源的涌入，让潍柴有机会站在巨人的肩膀上学习、成长，直至与巨人站在同一跑道上，实现从追跑到并跑、领跑的逆袭。这是潍柴40年自主自强、创新创造的轨迹，也是中国工业40年发展的缩影。今天的“中国动力”不仅奔腾在全国各地，还成功进入欧美高端市场，引领全球行业趋势。

资源整合，从国内走到国外

谭旭光天生就是一个冒险家。

2005年，他以10.2338亿元的天价收购湘火炬，第一次向世人展示了他的战略思维，也收获了“谭大胆”的称号。

2004年，在潍柴动力上市一个多月后，中国当时最大的民营企业德隆系突然崩盘，只能将其旗下最优质的上市公司——湘火炬进行拍卖。湘火炬旗下拥有陕汽重卡、法士特变速箱、汉德车桥、株洲齿轮等多家优质资源，手握一条重卡产业链。得知这一消息，谭旭光立马

谭旭光考察新产品开发进度

意识到一个“千载难逢”的机遇来了。

“潍柴如果仅仅做发动机，充其量就是一个地方发动机公司，顶多能做到中国最大。但若能打通从发动机到变速箱和车桥的黄金产业链，形成重型汽车核心动力总成的话，将会改变世界。”

谭旭光果断出手，豪掷10.2338亿元将其收入囊中，在资本市场顿时引起强烈震动。

“潍柴收购湘火炬，就是要从单一发动机向动力总成转型。”谭旭光认为，这次收购，让潍柴实现了从单一发动机厂商向动力总成系统供应商的转型，不仅从跟跑变成了并跑，也彻底扭转了中国缺少重型动力总成核心技术的困局，有效阻止了国外重卡企业的市场渗透。

完成对湘火炬的整合后，谭旭光敏锐地意识到，未来的世界一定要走向国际市场。2008年，全球金融危机爆发，他又嗅到了来自大洋彼岸的机遇，迅速反守为攻，开始探索实施海外并购。

2009年，他以299万欧元的价格抄底法国百年企业博杜安公司，建立了进入欧洲市场的桥头堡，也打通了潍柴进入高端海上动力的产业链。

2012年，他再次出手收购豪华游艇制造商意大利法拉帝集团。“当时很多人都不理解我的做法。法拉帝是世界顶级奢侈品，收购之后欧洲国家一下就知道了潍柴，这对提升潍柴品牌国际影响力大有裨益。另外，通过收购，潍柴还实现了从投资领域向消费领域的转型。”谭旭光说。

还是在2012年，为向高端新业态转型，潍柴又收购了全球排名第二、欧洲排名第一的叉车生产商德国凯傲集团，整合林德液压业务。此后，潍柴沿着智能物流装备技术方向继续展开并购，2016年，将美国智能物流方案提供商德马泰克收入囊中。2017年，潍柴又并购可替代燃料动力系统全球领先提供商美国PSI公司，正式进军北美市场。

在潍柴，这五次并购被形象地比喻为“欧洲三部曲”“北美二重奏”。“潍柴的海外并购，不是为了做大财务报表，目的都是补齐核心技术的短板，围绕集团的战略结构性调整去收购。”谭旭光如是说。

截至目前，潍柴所有的海外并购业务均实现盈利，且有效带动了国内业务的转型升级。并购博杜安，潍柴发动机产品链进一步延伸；并购德国林德液压、落地合资工厂，潍柴集成潍柴发动机+林德液压打造出全球首个液压动力总成，推动中国农业机械、工程机械市场高端升级；并购德国凯傲、美国德马泰克，潍柴筑起一条世界领先的智慧物流产业链；并购美国PSI公司，潍柴打通进入北美市场的通道……

2019年3月，谭旭光荣获意大利“莱昂纳多国际奖”，意大利总统向他表示祝贺。

几度海外落子，使潍柴在全球开放中获得发展，在产业融合中迅速壮大，2018年收入突破2300亿元，其中收入的40%来自海外业务，全球化布局基本完成。

“一带一路”彰显国企自信

2018年，是中国实施“一带一路”倡议5周年。历经数十年国际产能合作、海外资源整合，谭旭光紧紧抓住“一带一路”机遇，在绵亘千年的文明古路上探寻新契机。

从中国到印度、土耳其，再到法国、德国、意大利；从一般贸易出口，到输出产品、资本，再到输出技术、品牌，跟随“一带一路”沿线经济建设，谭旭光迈着前瞻步子，稳步推进国际化进程，目前已基本完成在全球主要市场的布局，成为中国制造撬动全球市场的一个重要支点。

在缅甸，2018年5月潍柴首个技术输出项目正式交付，成功在当地播下一粒“种子”，让工业基础几乎为零的缅甸迈出了工业化的第一步；在埃塞俄比亚，第一台潍柴发动机已经在当地组装下线，生产装备及工艺能力，全面达到客户需求；在白俄罗斯“中白巨石工业园”，上演着惊人的“中国速度”，2018年4月开工建设，11月就建成投产，潍柴马兹新工厂建设项目让习惯慢节奏的白俄罗斯人惊叹不已；在符拉迪沃斯托克，在中俄两国元首的见证下，潍柴与卡玛斯集团签署战略合作协议，共同建立合资公司……

如今“一带一路”已成为潍柴重要的国际合作“朋友圈”，近两年对“一带一路”沿线国家相关出口占潍柴出口总量的90%以上，潍柴成为“一带一路”最直接的受益者，也为中国国企“出海”积累了宝贵经验。

40年弹指一挥间，谭旭光这位在改革中历练、在开放中成长的国有企业家，亲历国家从积贫积弱走向开放富强，带领潍柴从低谷走向辉煌。追忆过往，他不会忘记，国有企业一片哀鸿的1998年，他站在就职演说台上，看着一双双绝望的眼睛；而今天，潍柴人正向全世界展示中国国企的发展自信。他更不会忘记，十几年前，他去参观某国外知名企业，被对方粗暴拒绝观看核心产品的难堪场景。而今天，他可以与国际巨头平等地坐在谈判桌前，谈笑风生，畅谈合作。

“山再高，路再长，奋斗不息，必能到达。”谭旭光说，心中没有梦想的人，就不能被称之为企业家。梦想，是他奋斗的最大动力。在

2013年6月28日，潍柴助推凯傲集团成功在德国法兰克福证券交易所挂牌交易（左五为谭旭光）。

潍柴2017年实现收入突破2000亿元、迈进世界500强门槛的时候，谭旭光说他还有一个梦：打造受人尊敬、竞争力持续提升的国际化强企。朝着这个梦想，他誓与一切阻碍企业发展的“残”与“缺”斗争到底，不断推动国企深化改革。他紧紧追随国家的开放步伐，在全球新一轮工业革命和行业交替颠覆中，探索构建新能源产业链，为中国装备制造业的高质量发展增添“新动力”。

供稿单位：中共潍坊市委宣传部、潍柴集团